DISCOURS
PRONONCEZ
DANS LES
CONFÉRENCES
DE
L'ACADEMIE ROYALE
DE PEINTURE
ET DE SCULPTURE.

Par M. COYPEL Ecuyer, premier Peintre du Roy, de Monseigneur le Duc d'Orleans Regent; & Directeur de l'Académie Royale de Peinture & de Sculpture.

A PARIS,

De l'Imprimerie de JACQUES COLLOMBAT Imprimeur ordinaire du Roy, & de l'Académie Royale de Peinture & Sculpture; ruë S. Jacques, au Pelican.

M. DCC. XXI.

AVEC APPROBATION ET PRIVILEGE DU ROY.

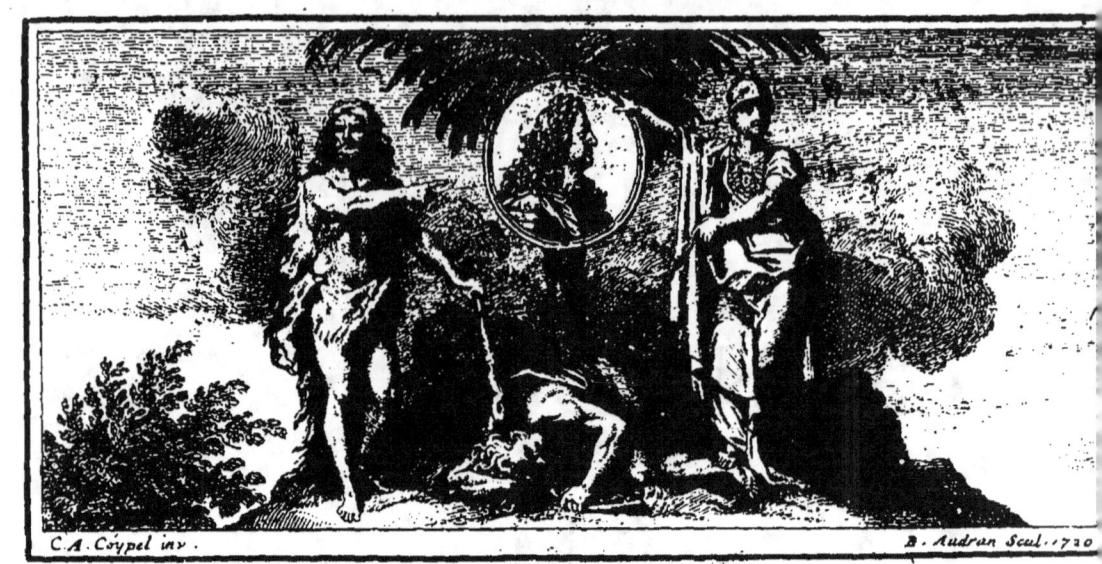

A SON ALTESSE ROYALE

MONSEIGNEUR

LE DUC D'ORLEANS

REGENT DU ROYAUME.

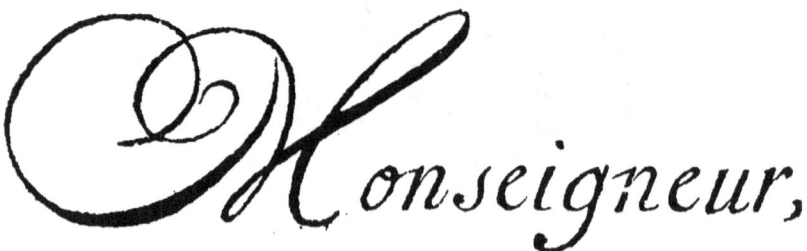

J'ay l'honneur de Vous consacrer mes reflexions sur la Peinture; Cet Art

EPISTRE.

que tous les Siécles ont admiré, que les plus grands Princes ont chéri & qui reçoit aujourd'huy un nouvel éclat de la protection Singuliére dont VôTRE ALTESSE ROYALE l'honore; protection d'autant plus glorieuse que le génie, le goust & les lumiéres vous rendent aussi respectable que le rang & la naissance. Et qui peut mieux que moy attester en particulier une verité si connuë ailleurs par rapport à toutes les autres Sciences? Dans les conversations où vous trouviez bon, MONSEIGNEUR, que j'eusse quelquefois l'honneur de vous entretenir des principes de la Peinture; je suis toujours sorti d'auprès de V. A. R. beaucoup plus instruit dans mon art même, que je ne l'étois auparavant. Combien d'autres personnes distinguées par leurs ta-

EPISTRE.

lents, se sont fait un devoir & une gloire de publier la même chose? témoin ce grand Poëte si connu par ses Satyres & si ennemi de la flaterie, qui n'en parloit jamais qu'avec une admiration extraordinaire. La grandeur du génie, la Valeur, la Justice, la Magnanimité, la Prudence, la Fermeté, la Constance enfin au milieu des plus terribles tempêtes, cette douceur affable qui pénétre les cœurs; sont des vertus qui forment les plus parfaits Heros, & dont il est aisé de faire une juste application à ces grands traits de vôtre vie qui ont été suivis de l'applaudissement des hommes & que la Renommée a consacrez. Mais je crains que V. A. R. ne me reproche déja la liberté que je prends de rapporter ces veritez, parce que

EPISTRE.

toutes simples qu'elles sont, elles renferment les plus justes loüanges. Je m'arrête donc, MONSEIGNEUR, malgré le zéle qui me force en quelque sorte à parler de choses trop élevées. Je laisse à la France, pour qui vous sacrifiez vôtre repos, à l'Europe à qui vous avez procuré la tranquilité, en même tems que vous avez rétabli la paix de l'Eglise; à vos Ennemis, s'il étoit possible que V. A. R. en eût encore, à publier plus dignement ces glorieuses véritez. Mon Silence en cette occasion sera une nouvelle preuve du profond respect avec lequel je suis,

MONSEIGNEUR,

De Vôtre Altesse Royale

Le très-humble & très-obéïssant serviteur,

COYPEL.

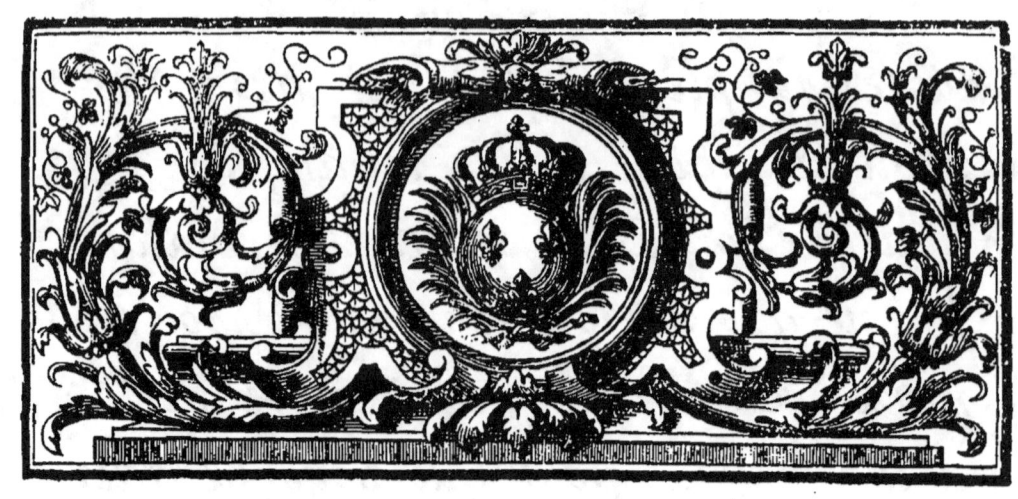

PREFACE.

J'Avois fait, étant encore fort jeune, pour mon inſtruction particuliere quelques Vers ſur la Peinture; je les avois abandonnez, & même perdus de vûë, pour ne pas dire abſolument oubliez. Après un eſpace de temps fort conſiderable, le Ciel m'ayant donné un Fils avec une inclination & des diſpoſitions particulieres pour ce bel Art, qu'il embraſſa, pour ainſi dire, malgré moy, & entraîné ſeulement par la force de ſon génie; je m'aviſai de luy former une Epitre de ces Vers faits depuis ſi long-temps. Excité donc par ſes talens, j'entrepris ce petit Ouvrage; je l'achevay & luy en donnay une Copie que je luy recommanday de ne montrer à perſonne. Depuis, Monſieur de Pille, ſi connu par ſes Ecrits ſur la Peinture, & avec qui j'avois vêcu dans une amitié tres-étroite dés ma jeuneſſe, revint en France, aprés les longs voyages où il avoit été engagé pour le ſervice du Roy. L'extrême paſſion que nous

PREFACE.

avions tous deux pour la Peinture, & la joye de nous revoir aprés une tres-longue abfence, redoubla & refferra les nœuds de notre amitié ; nous nous voyions régulierement tous les jours ; il me communiqua le Manufcrit de fon Ouvrage fur la vie des Peintres ; & comme il continuoit toujours à écrire fur la Peinture, j'étois toujours le confident de fes Ouvrages à mefure qu'il les produifoit. Cette confiance, autant utile qu'agréable pour moy, m'engagea à quelque retour ; je luy communiquay mon Epitre pour en avoir fon fentiment ; je ne fçay s'il ne l'approuva point trop ; je le priay cependant de n'en pas parler, & je ne fçay s'il me le promit bien fort ; mais en tout cas il ne me tint pas parole ; car nous étant trouvez quelques jours aprés à dîner chez un de nos amis communs, avec Monfieur Defpreaux qui m'honoroit depuis long-temps de fon amitié. Sur la fin du repas, Monfieur de Pille s'échapa à luy parler de mon Epitre ; de maniere qu'il me demanda inftamment de la luy faire voir ; je la luy rapportay quelques jours aprés ; il l'approuva, & me força en quelque forte à la faire imprimer ; il me dit de publier dans une Préface que c'étoit luy qui m'y avoit engagé ; il fit plus, il me donna l'idée de compofer les Differtations que je hazarde de mettre au jour, & que je n'ay faites cependant qu'aprés la mort de cet illuftre Amy. Preffé encore par quantité d'autres Perfonnes refpectables que j'ay le plaifir de ne point nommer, par celuy que j'ay de vivre encore avec eux ; & cherchant à me difculper plutôt qu'à me flatter, je prefente au Public ces Réflexions.

Entre les productions de l'induftrie humaine, celles

PRÉFACE.

qui rassemblent l'utile & l'agréable sont communément les plus difficiles, & celles que les hommes doivent le plus admirer & honorer. Peut-on legitimement disputer cet avantage à la Peinture ? Quand je parle de la Peinture, je ne prétends pas parler d'un Art méchanique qu'une sorte d'habitude & la pratique seule font acquerir; je parle d'un Art que l'Antiquité la plus polie & la plus éclairée a regardé & honoré comme une espece de Divinité, & que l'ignorance confond quelquefois avec son apparence chimerique, ouvrage formé par les esprits les plus pesans & les mains les plus grossieres; de-là vient que beaucoup de gens n'ayant pas une juste idée de cet Art, & la rapportant à la bassesse de ceux qui, parce qu'ils employent des couleurs & se servent de brosses, s'imaginent être Peintres, comme un Maçon se fait appeller Architecte, parlent d'un Peintre comme d'un simple Artisan, inhabile à tout, sans litterature, sans mœurs & sans politesse; mais comme dit la Bruyere, *Un Poëte est un Poëte, un Musicien est un Musicien; mais Racine est Racine, Lully est Lully, & le Brun est le Brun.* Plusieurs personnes à la verité regardent la Peinture comme un Art agréable; mais ils luy donnent des limites trop étroites, & semblent le borner à amuser seulement les yeux par la représentation des objets de la nature qui font plaisir & qui sont à leur portée, & proportionnent le mérite d'un Tableau aux sujets qui conviennent à leur goût & à leurs connoissances: je ne veux point parler de ceux qui ne l'aiment que par rapport à leur vanité, ou à l'utilité que le commerce leur en fait recevoir; mais je veux tâcher d'en donner

PREFACE.

une idée plus juste, plus convenable, & plus digne d'un si bel Art. Je commenceray par en faire voir la veritable utilité, & même la nécessité ; car on ne peut pas disconvenir que, sur-tout dans les Arts, ce qui est utile devient toujours nécessaire. La Peinture est un Art qui par des lignes & des couleurs sçait représenter aux yeux sur une simple superficie tout ce que l'Univers comprend d'objets visibles ; elle a pour objet la matiere & l'esprit ; en un mot la nature entiere qu'elle doit non-seulement imiter, mais souvent surpasser : elle est la mere de tous les Arts ; parce qu'elle est elle-même l'Art du Dessein. Philostrate dit dans la vie d'Apollonius, que la Peinture ne consiste pas seulement dans les couleurs ; puisqu'aux Peintres anciens une seule couleur suffisoit : il est vray que ceux qui sont venus ensuite en ont ajoûté quatre ; & quoyque peu à peu ils les ayent augmentées, il est vray de dire que l'on peut quelquefois bien peindre avec des traits simples sans aucune couleur ; laquelle sorte de Peinture (il faut cependant l'avoüer) ne représente que les Jours & les Ombres ; cependant la marque naïve de la chose se distingue parfaitement ; on y découvre non-seulement la forme, mais même la pensée ; on y distingue la modestie de l'audace, & toutes les passions quoyqu'elles n'ayent point de couleurs en elles-mêmes. Elle exprime en même temps le sang, les cheveux & la barbe qui ne fait que commencer à poindre ; la ressemblance d'un homme blond & de blanche charnure, &c. & tout cela quelquefois d'un seul trait & d'une même maniere ; & qui plus est, si nous venons à représenter d'un crayon blanc un Indien, il ne laissera pas de pa-

PREFACE.

roître dans l'idée du spectateur comme un homme noir; car son nez camus, ses cheveux hérissez & crépus, ses grosses joües le feront distinguer & reconnoître. On voit par-là de quelle utilité est un Art qui, par de simples traits & par l'imitation du vray, vous représente les differens pays & semble vous y transporter; qui vous fait connoître non-seulement les Mœurs, les Coûtumes, les Vêtemens; mais les évenemens & en quelque sorte l'Histoire des Nations; les Hommes & leur ressemblance particuliere; les Bâtimens divers, les Arbres, les Plantes, les Fleurs, la Terre & les Eaux, & toutes les especes d'Animaux qui les habitent; enfin tout ce que le Créateur a voulu former luy-même: c'est un langage qui peut être commun à tous les Peuples, que les sourds entendent, & par lequel les muets peuvent se faire entendre; ce qui engagea apparemment Auguste, qui aimoit fort la Peinture, à la faire apprendre au jeune Q. Pedius, neveu de ce Pedius qui avoit été Consul, qui avoit reçû les honneurs du Triomphe, & que Jules Cesar avoit nommé héritier conjointement avec Auguste. De quel secours & de quelle utilité n'est point à un Prince & à un grand Capitaine un Art par lequel il peut voir de son Cabinet la situation des Lieux, des Forteresses, des Villes, sçavoir les tracer luy-même pour en donner une juste idée à ceux à qui il commande, même pour le campement des Armées, pour la Navigation, enfin pour tout ce qui regarde le grand Art de la Guerre. Les Héros qui par le chemin de la Gloire, se flattent d'arriver à une espece d'immortalité (ambition presque commune à tous les Hommes)

PREFACE.

peuvent trouver dans la Peinture tout ce qui peut exciter leur vertu aux plus grandes entreprises; car notre Art non-seulement, comme l'Eloquence & la Poësie, sçait représenter à l'esprit les évenemens memorables de l'Histoire, & les faits glorieux des grands Hommes que la Renommée consacre à la posterité; mais en représentant leurs images naïves, les fait sortir de l'oubli, les fait, pour ainsi dire, revivre & paroître à nos yeux, & en fournissant des exemples, elle anime la vertu & luy donne de nouvelles forces; porte dans le cœur de ceux qui en sont dignes une vive émulation, non-seulement pour les imiter, mais pour les égaler, peut-être même pour les surpasser. Cesar ne sentit-il pas réveiller son courage, & les sentimens glorieux de son ambition, quand il vit en Espagne l'image d'Alexandre le Grand? Attentif à la considerer, & se représentant que le Heros au même âge où il se trouvoit alors, avoit presque conquis le Monde entier, au lieu qu'il n'avoit encore rien fait de comparable, il ne pût s'empêcher de verser des larmes excitées par le violent amour de la Gloire; ce qui luy fit entreprendre les faits éclatans qui ont élevé son Nom jusqu'aux Astres, & l'ont rendu presqu'immortel? Un homme accablé sous le poids d'une ancienne noblesse acquise, & meritée par d'illustres Ancêtres, dont il avilit tous les jours l'éclat; ne peut-il pas être utilement frapé, & même touché en voyant la représentation des faits, & les images de ces Héros dont il se fait gloire d'être descendu; c'est pourquoy les Romains avoient attaché à la noblesse du sang une sorte d'obligation de conserver chez soy les portraits de ses Ancêtres? De-là vient en-

PRÉFACE.

core que dans les pompes funebres, on portoit les images des Héros morts, pour exciter leurs descendans à imiter leur vertu.

On sçait que l'Eloquence s'étend à tout ce qui regarde l'esprit & le cœur; la Peinture a le même avantage. Plutarque dit que la Poësie est une imitation, & un Art correspondant à l'Art de la Peinture; tellement que la Poësie est une Peinture parlante, & la Peinture une Poësie muette. Ces Arts ayant donc également le pouvoir & la force d'immortaliser, pour ainsi dire, les Héros; ne peut-on pas ajoûter que la Peinture qui par ses images est non-seulement le Livre des Sçavans, mais même celuy des ignorans, en frapant également les uns & les autres, & en attirant en même temps les regards des Grands, & du Peuple entier; en se faisant entendre à toutes les Nations à la fois; qui sçait en séduisant les yeux, charmer l'esprit & le cœur; qui peut par la vivacité de l'imagination, la grandeur des idées, la justesse des pensées, & la fidelle exactitude de l'imitation, se conformer si étroitement à la nature, qu'en émouvant les ressorts les plus secrets des passions, elle semble se rendre maîtresse du cœur & de l'ame? La Peinture en représentant les objets de la nature, non-seulement semble occuper tous les sens par l'idée & l'imagination qu'elle charme & séduit, mais elle s'empare du plus vif de tout, qui est celuy de la vûë; elle sçait par les allegories donner à des choses invisibles des images corporelles qui les font voir en même temps aux yeux & à l'esprit.

L'utilité d'un si bel Art qui rend la vie aux choses passées, n'est pas seulement d'animer les hommes aux

Traité de la Lecture des Poëtes.

PREFACE.

vertus morales, elle les fait atteindre à cette gloire que la Renommée consacre à la posterité, elle peut encore élever l'ame à des veritez plus utiles & plus solides, qui sont celles de la Religion; j'ose même dire que si Dieu fait entendre sa voix par la parole des Orateurs Apostoliques, encore plus admirables par leur zéle que par leur éloquence, il touche quelquefois les cœurs les plus endurcis par les sentimens que peuvent inspirer tout à coup les images qui représentent les Mystéres sacrez & les Histoires saintes. Quel Chrétien! quel homme même n'est pas rempli d'une salutaire admiration, à la naïve & noble représentation de la constance & des souffrances de ces Héros du Christianisme, prodiges de sainteté, & modéles étonnans des plus hautes vertus, qui se livrant avec tranquilité à la fureur de leurs ennemis, sembloient élever des trophées à la veritable Religion sur les debris du Paganisme! Qui peut n'être pas vivement ému au spectacle touchant de l'Homme-Dieu, qui pour le salut du genre humain se livre luy-même aux plus rudes souffrances, & permet à la mort d'exercer son empire sur luy! Mais je crois avoir suffisamment établi la premiere Partie de ma proposition, je passe à la seconde, qui est l'Agrément.

Ce qui est utile doit être en même temps agréable. Il paroît même qu'il n'y a rien dans la Nature qui ne porte à la fois son usage & son agrément; tout ce qui sert à sa conservation sert ordinairement à l'embellir, & c'est sur ce principe que les hommes ont inventé toutes les Sciences & tous les Arts. Mais les Arts, dont l'objet principal est l'imitation de la Nature, s'y doivent conformer encore plus intimement que les autres.

PREFACE.

autres. Et comme il est vray de dire, après Platon & Ciceron, que tous les Arts ont une societé entr'eux; on peut appliquer à la Peinture ce beau précepte d'Horace sur la Poësie; que le point de la perfection est de joindre l'utile & l'agréable : tant il est vray que la Peinture & la Poësie sont deux sœurs, & que ce qui convient à l'une convient également à l'autre ; même enthousiasme, même génie, mêmes principes. Mais pourquoy, dira-t-on, voit-on souvent des Peintres renommez peu sensibles aux beautez de la Poësie, & encore plus de Poëtes tres-peu touchez de la Peinture? C'est apparemment que ceux qui sont si insensibles, ne sçavent point embrasser toute l'étenduë de leur Art; car les Peintres doivent le sublime de leurs Oûvrages aux grands traits de la Poësie, comme les Poëtes doivent animer les leurs par ceux de la Peinture ; c'est ce qui produit également dans ces deux Arts ce concert parfait qui enchante les yeux, l'esprit, l'imagination & le cœur. C'est par-là que ces deux Arts, par un secours mutuel, mettant souvent l'esprit dans la douce situation de la réverie & de la réflexion, portent l'ame, selon les images qu'elles luy présentent, non-seulement à la joye, à l'esperance, aux desirs & à toutes les passions les plus aimables ; mais que la tournant même du côté de la tristesse, ils luy font trouver dans sa langueur un je ne sçay quoy qui l'occupe agréablement; espece de volupté plus douce pour ceux qui sont capables de la sentir, que les transports agitez, tumultueux, toujours fatiguans & souvent dangereux, que ceux qui aiment le fracas du monde appellent veritables plaisirs. J'ay oüi dire à un homme également célébre dans

PREFACE.

les Sciences & dans les belles Lettres, à la vûë d'un Ouvrage de Peinture qu'il regardoit attentivement: Il faut que cela soit bien beau, car il me fait rêver & rêver agréablement: je sçay que tous les hommes ne sont pas capables de ces sortes de réflexions; mais au moins ils sentent tous par eux-mêmes que la Peinture orne & anime les lieux où elle est placée; & si elle ne peut occuper leur esprit, elle sçait au moins les amuser & plaire à leurs yeux sans qu'ils en sçachent la raison. En effet, dans la retraite la plus triste & la plus écartée, elle semble vous mettre toujours en compagnie; & vous ne vous trouvez, pour ainsi dire, jamais seul dans votre Cabinet que lorsqu'on en dérange les Tableaux: c'est un fait connu de tout le monde; car les hommes en general sont ordinairement touchez de ce qui frape leurs yeux. Il est vray que cette conversation est muette; mais le langage des yeux n'est pas toujours le moins vif. Et n'est-ce pas un grand agrément de pouvoir s'entretenir avec plaisir, en s'épargnant souvent d'entendre des discours frivoles, & se dispensant d'y répondre? souvent même on y gagne. La Peinture nous fait, pour ainsi dire, converser dans l'absence même avec nos amis, nos parens & tout ce que nous avons de plus cher; & non-seulement avec ceux avec qui nous vivons, mais encore avec ceux qui vivoient dans les temps les plus reculez: elle nous apprend, en nous amusant agréablement l'esprit & les yeux, leurs Mœurs, leurs Coûtumes, leurs actions Militaires, leurs Armes, leurs Vêtemens, leurs Edifices, leurs Pays, leurs Cérémonies & leur Religion; ainsi elle peut instruire sans qu'il en coûte aucune pei-

PREFACE.

ne ; on peut dire encore mieux, en procurant du plaisir. Et pendant qu'on se croit soy-même occupé de tout autre chose, elle augmente nos connoissances & nos lumieres presque sans que nous nous en appercevions. Quel plaisir ce grand Art ne fait-il pas sentir à ceux qui sont capables de penser, de méditer, & qui sçavent mettre à profit les charmes de la tranquilité, unique & solide bien où l'homme puisse aspirer, qu'il fuit cependant toujours en croyant même le chercher, & qui est tellement le but de la sagesse, que les Anciens ont regardé cette heureuse tranquilité comme une Divinité à laquelle ils ont élevé des Temples & des Autels.

Ceux à qui le temperament ne permet pas de sacrifier à cette Déesse, peuvent trouver matiere à exercer leur caractére vif & impétueux dans les disputes que fournissent tous les Ouvrages de la Peinture ; car chacun a ses idées & ses préventions particulieres: les uns élevent le coloris aux dépens du dessein, & les autres admirateurs zelez du dessein ne font pas le cas qu'ils devroient des charmes du coloris. Celui-là, adorateur outré de tout ce qui porte le nom d'Antiquité, avec un air & un ton imposant, qui tient souvent lieu d'esprit & de goût, & va quelquefois jusqu'à éblouïr la raison même, méprise & déchire tout ce qui a été fait de son temps & dans sa propre patrie. Cependant il ne faut pas croire, selon Tacite, que les Anciens nous ayent surpassez en tout : il se fait encore dans ce temps-cy beaucoup de choses qui meritent d'être loüées & imitées par la Posterité. Quelles manieres de penser diverses dans les hommes ! On en voit d'autres, enne-

PREFACE.

mis déclarez des Anciens, sacrifier la réputation des plus grands Hommes aux Ouvrages modernes les plus communs, & dégrader tout ce qu'il y a de plus respectable dans l'Antiquité, pour élever leurs amis vivans. Pline le jeune dit que c'est une heureuse erreur de croire ses amis plus parfaits qu'ils ne sont ; j'en tombe d'accord ; mais je crois cependant qu'elle peut être dangereuse ; car beaucoup de gens font ceder la raison à la passion. On en voit qui affectent de n'aimer rien de ce qui fait plaisir aux autres, & qui par un air singulier & une gravité orgueilleuse & méprisante, croyent honorer beaucoup quand ils daignent regarder, & faire grace quand ils parlent. On en voit d'autres tellement insensibles, qu'à peine tiennent-ils du caractére de l'homme, moins par indolence que par stupidité, qui regardent tout sans rien voir. La multitude ordinairement se laissant entraîner à l'impression des autres, court où elle voit aller, & ne s'arrêtant qu'où il y a un plus grand concours, augmente souvent les voyes de l'erreur, & la fait triompher de la raison & de l'équité même. Enfin l'on peut dire que les choses passent pour bonnes ou mauvaises selon le caprice du vulgaire, qui contredit aujourd'huy ce qu'il soutenoit hier, & qui change dans un instant de sentiment comme d'humeur ; & qui agit ordinairement plus par passion que par raison. Un jour que le Peuple d'Athénes approuvoit un avis de Phocion, celui-cy demanda à ses amis, si c'étoit qu'il eût dit quelqu'impertinence, tant il avoit mauvaise opinion des jugemens & des suffrages du Peuple. Il ne faut pas sur ce principe outrer trop la matiere ; & quoyqu'il soit vray de dire que les plus

PREFACE.

beaux ouvrages, & qui ont le plus coûté à produire, dépendant de la fantaisie d'autruy, ayent souvent donné aux plus grands Hommes des dégoûts infinis; s'ils ont attiré la censure des uns, ils ont été consolez par l'approbation des autres: il ne faut donc ni se décourager ni trop s'enorgueillir, & dans les heureux succés il faut se préparer aux mauvais; n'avoir pour but en travaillant que de plaire aux Sçavans équitables; je ne dis pas cependant qu'il ne soit de la prudence de l'habile homme (pourvû qu'il n'ait pas la basse complaisance de sacrifier les véritables regles de l'Art) de s'accommoder au goût general du Public à qui il doit chercher à plaire; mais le point juste est difficile à trouver; je crois cependant qu'une varieté bien entenduë, un grand goût assaisonné de graces, quelquefois même d'enjouëment placé à propos, sans abandonner jamais la verité ni la raison: tout cela, dis-je, doit faire esperer un succés assez general; mais comme les plus grands succés sont ordinairement suivis de l'envie, les plus brillans sont souvent effacez par un seul mauvais. L'ignorance grossiere, le bandeau toujours sur les yeux, s'attache en tâtonnant à chercher toujours des défauts sans entrevoir jamais les plus grandes beautez. Il n'y a donc que ce qui est pesé à la balance des Sçavans, qui puisse servir de regle pour bien juger; & c'est ce juste discernement qui doit faire le plaisir des Curieux éclairez.

Un homme que la vaste étenduë de son génie porte à la fois à toutes les connoissances, & qui est épris des beautez de la Peinture, a pû rassembler dans ses Cabinets les plus rares chefs-d'œuvre d'un si bel Art,

PREFACE.

plutôt pour satisfaire son goût & ses propres lumieres, que pour en faire un ornement fastueux. Cet homme éclairé, dis-je, ne peut-il pas trouver un délassement utile & agréable, aprés les travaux les plus sérieux & les plus importans, en promenant sa curiosité à les voir, à les examiner, les étudier même, avec l'esprit d'une juste critique sur toutes les parties d'un Art aussi étendu que le nôtre ? Quel plaisir n'aura-t-il pas en comparant les talens differens des plus grands Maîtres & les parties qui les ont distinguez, soit sur la maniere de penser, sur la force & la vivacité de l'imagination, les idées élevées, communes ou basses de l'invention, l'art & le sçavoir de la composition ; sur la fidelité de l'Histoire & les traits d'érudition, le costume, les convenances, la noblesse & le grand ; sur l'expression generale & sur les divers mouvemens de l'ame ; enfin sur le goût du dessein, la correction, la grace, le je ne sçay quoy qui charme les vrais connoisseurs, le clair-obscur, & le coloris general qui forment ensemble cette harmonie qui enchante les yeux, & sur les couleurs locales, qui donnent à chaque objet leur propres caractéres de verité ? Quel plaisir ne ressent point un veritable connoisseur dépoüillé de prévention, en comparant les Anciens avec les Modernes, de reconnoître les principes & le goût que les derniers ont sçû puiser dans les premiers, dont ils se sont utilement nourris, & qu'ils se sont, pour ainsi dire, appropriez, & en même temps les beautez singulieres & sublimes qu'ils n'ont peut-être pas sçû atteindre ; & reconnoître de même quelques défauts des Anciens que les Modernes renommez ont pû corriger, & quel-

PREFACE.

ques beautez qu'ils ont peut-être sçû y ajoûter? Il est vray que les Arts doivent leur origine & leur splendeur à la Grece & à l'Italie; on ne peut pas le nier sans un entêtement condamnable; mais souvent les Arts, semblables aux oiseaux de passage, quittent un climat pour arriver dans un autre. Il y a long-temps, dit Ciceron, qu'Athénes n'est plus pour les Sciences ce qu'elle étoit autrefois; ses propres Citoyens en ont abandonné l'étude pendant que les étrangers, attirez par le nom d'un lieu si célébre, y vont pour les apprendre. Un homme veritablement de goût, ne trouvera-t-il pas un sensible plaisir à comparer les chefs-d'œuvres de ces grands & premiers modéles de l'Antiquité Grecque, avec les Ouvrages fameux que l'Italie a produits autrefois, & le goût different de l'antique Italie & de l'Italie moderne; d'examiner enfin non-seulement le goût des temps, des Nations, le progrès & la décadence des Arts, la differente maniere de penser, d'executer non-seulement des hommes divers, mais encore du même homme selon l'âge different, & le changement de temperament, & de voir des choses dignes d'admiration dans des ouvrages qui ne se ressemblent souvent en rien? Il n'y a, dit Ciceron, qu'un Art de Sculpture où éclatent par le merite de leurs ouvrages Myron, Polidate, Lysipe, tous differens entr'eux, & chacun excellent dans son genre. Il n'y a de même qu'un Art de Peinture; Xeuxis, Aglaophon, Apelle semblent tous trois y avoir atteint la perfection; cependant la maniere de l'un n'est rien moins que la maniere de l'autre. Il faut convenir que la Peinture occupe si agréablement à la fois, les yeux, l'esprit & l'imagination, que souvent

PREFACE.

par une espece d'enchantement, elle adoucit le souvenir des douleurs passées, & même le sentiment des douleurs presentes. Non-seulement ce bel Art cause des plaisirs infinis à ceux qui l'aiment & le connoissent; mais ceux qui l'exercent avec distinction trouvent dans leurs occupations des attraits que l'on ne peut exprimer. Quel contentement secret n'est-ce pas en effet de voir naître sous ses doigts une espece de creation, & par l'effort de l'imagination, par de simples traits, & l'intelligence des lumieres & des ombres, faire paroître des corps & des objets qui ne sont point; & en trompant agréablement ses propres yeux, pouvoir se flater de tromper encore ceux des autres! Quel charme n'est-ce pas, en échauffant son génie, de remplir son esprit des plus hautes idées, & de tout ce que la nature entiere peut contenir! Le plaisir de ce travail est si doux, que je me souviens d'avoir entendu dire à Rome, par les disciples & les parens du Cavalier Bernin, que lorsqu'ils le tiroient malgré luy de son travail excessif, soit en Architecture, en Sculpture, ou en Peinture, il leur disoit ordinairement: Ah! pourquoy m'arrachez-vous d'auprés de ma maîtresse. Quel plaisir flateur pour les grands Peintres, de voir les Palais & les Temples tirer leur pompe & leur magnificence de leurs travaux & de leurs productions, d'y charmer les yeux, l'esprit & le cœur, non-seulement des personnes éclairées, mais quelquefois même du vulgaire le plus stupide & le plus ignorant! Quelle satisfaction d'embellir & d'orner sa patrie, d'y attirer même les Nations étrangeres; & malgré l'éclat & le précieux de l'or & de l'azur, voir son Art l'emporter sur la matiere,

&

PREFACE.

& fon nom paffer à la pofterité! Car il eft encore parlé d'Apelle, digne favori d'Alexandre le Grand : je fçay que ce plaifir flateur eft quelquefois, & tres-fouvent interrompu & troublé par beaucoup de dégoûts ; tantôt par des travaux infinis peu connus ou peu récompenfez, foit par les fauffes décifions de l'ignorance altiére, ou par fon ftupide mépris. Celuy qui ne connoît pas l'Art, n'eft point à portée, comme le remarque Ciceron, d'admirer celuy qui l'exerce ; mais le grand Homme, qui doit toujours avoir en vûë la gloire, doit plutôt fonger à bien faire qu'à être récompenfé ; il doit même toujours s'attendre aux traits de l'injuftice & de l'envie, & fe dire à luy-même : L'amertume de nos travaux pourra être adoucie par l'honneur qui nous en reviendra un jour. En effet, la Peinture & les grands Peintres ont été honorez dans tous les temps.

La Peinture eft fi noble & fi élevée, qu'il femble qu'elle tire plutôt fon origine du Ciel même que des hommes : auffi les Anciens difoient que cet Art étoit de l'invention des Dieux ; parce qu'il repréfente tout ce que les faifons font naître fur la terre, tout ce qui paroît dans les Cieux ; & qu'il femble s'élever même jufqu'à la demeure des Immortels. Les Egyptiens, felon Pline, font les premiers Hommes qui fe font attribuez l'honneur de l'avoir inventée, de l'avoir même poffedée fix mille ans avant qu'elle paffât dans la Grece. Quant aux Grecs, les uns difent que ce fut à Sicyone, les autres à Corinthe qu'elle prit fa naiffance ; tous cependant s'accordent en un point, & paroiffent convenir que fon origine vient de l'ombre d'une perfonne dont on tira le profil ; quelques-uns ont dit que ce fut une fille qui voyant sur un mur l'ombre de son Amant, en marqua tous les traits exterieurs. Si cela est, son origine en est d'autant plus noble, puisqu'elle vient d'un Dieu qui, selon Héfiode, a débroüillé le cahos, & qui a, pour parler le langage des Poëtes, soumis à ses loix, non-seulement tous les hommes, mais tous les Dieux, & leur Souverain même, qui d'un seul regard faisoit trembler l'Olympe. Il est donc certain qu'elle doit son origine à l'ombre d'une personne dont on tira les traits exterieurs & le profil. Plusieurs disent que cette invention du trait extérieur est dû à Philoclés l'Egyptien, ou à Cléantes de Corinthe. Ensuite on y ajoûta une seule couleur ; les jours & les ombres contribuerent aprés à y donner quelque relief ; mais tout cela si imparfaitement, qu'il est vray de dire que si les Anciens ont eu la gloire de l'inventer, ceux qui sont venus ensuite ont eu l'avantage de la perfectionner ; tant il est vray que ce qui est le plus ancien, quoiqu'il soit le plus rare, n'est pas toûjours le plus parfait.

La Peinture a passé vrai-semblablement de l'Egypte dans la Grece, & de la Grece en Italie ; & cette respectable & sçavante antiquité connoissant l'utilité & l'agrément de ce bel Art, non-seulement combloit d'honneur les grands Peintres, mais rien ne luy coûtoit quand il s'agissoit d'acquerir leurs rares chefs-d'œuvre. On lit qu'ils poussoient même la reconnoissance jusqu'à donner des Villes entieres aux grands Maîtres de l'Art. Il fut défendu par un Decret public à ceux qui étoient dans la servitude, d'exercer cet Art qui ne

PREFACE.

çonvenoit qu'à la Nobleffe ; Ariftote qui l'avoit diftingué des Arts méchaniques, difoit qu'il falloit établir des Ecoles publiques pour enfeigner la Peinture à la jeune Nobleffe. On dit que Pamphile Macédonien, homme fort fçavant dans la Peinture, les belles Lettres & les Mathématiques, ne voulut jamais l'enfeigner à moins d'un talent par chaque difciple pour dix années ; & qu'il en coûta autant à Mélanthe & à Apelle, dont le dernier a été tellement honoré & favorifé d'Alexandre le Grand, qu'il défendit à tout autre qu'à luy d'entreprendre de le peindre. Ce Héros prenoit tant de plaifir aux charmes de cet Art, qui parmi les plus grands travaux attire & flatte l'efprit, qu'il alloit fouvent voir Apelle dans fon cabinet, & y paffoit beaucoup de temps à luy faire l'honneur de s'entretenir familierement avec luy, & à le regarder travailler ; c'eft cependant ce même Alexandre qui, inftruit par Ariftote dans la Philofophie & dans les Sciences les plus fublimes, fembloit n'envifager d'autre gloire que celle qui s'acquiert par les Armes, & qui paroiffoit n'avoir d'autre but que de combattre, vaincre, & fe rendre maître de l'Univers entier. Les Peintres fameux étoient tellement honorez, & fi magnifiquement récompenfez, qu'ils l'étoient par les Republiques mêmes ; on n'épargnoit rien pour acquerir leurs Ouvrages. Atale donna cent talens d'un Tableau fait par Arifte Peintre Thébain : Candaule paya encore plus un Tableau de Bulares. Enfin l'on fçait que beaucoup de Peintres Grecs, parmy lefquels on nomme Zeuxis, croyant leurs Ouvrages plus précieux que l'or & l'argent, aimoient mieux les donner que de les vendre.

PREFACE.

Les Tableaux que la Renommée avoit confacrez, étoient envoyez à Rome parmi les dépoüilles des Nations vaincuës; on les portoit dans les Triomphes, comme les chofes les plus précieufes & comme des miracles de l'Art; & les Romains, toujours imitateurs des Grecs, prodiguoient l'or pour attirer chez eux les Tableaux de la Grece; Jules Cefar & Augufte n'y épargnoient rien, & on fçait que Tibere paya un Tableau 7000 fexterces.

Plus on eft grand Homme, plus on eftime les grands Hommes. Tout le monde a lû que le Roy Demetrius étant campé devant Rhodes avec une puiffante Armée, & pouvant facilement s'emparer de cette Ville, en faifant mettre le feu d'un certain côté où travailloit tranquilement Protogénes à un Tableau qu'il achevoit, & dont la réputation étoit venuë jufqu'aux oreilles de ce Prince; il aima mieux lever le Siege de cette Place, que d'abandonner aux flâmes un Ouvrage fi précieux.

Quels honneurs le fameux Titien n'a-t'il pas reçû de l'Empereur Charle-Quint, qui aprés luy avoir donné la Clef d'or, l'avoir fait Comte Palatin, & luy avoir accordé les priviléges les plus honorables & les plus diftinguez, le combla de richeffes? Leonard de Vincy, tant aimé de Philippe Duc de Milan, eut encore l'honneur de l'être de François Premier, également Protecteur des belles Lettres, des Sciences & des beaux Arts: il expira même entre les bras de ce grand Roy, accablé d'une extrême vieilleffe. Le grand Raphaël d'Urbin, à qui une trop prompte mort ravit à la fleur de fon âge un Chapeau de Cardinal qui luy

PREFACE.

avoit été promis par le Pape ; n'a-t'il pas été honoré & favorisé de tous les Princes de son temps ; ainsi que Michel-Ange qui l'a été, non-seulement de tous les Papes sous lesquels il a vêcu, mais des Roys, des Empereurs, & de l'Europe entiere. Le Cavalier Bernin a eu le même sort ; le Lanfranc, Pierre de Cortone. Et quels honneurs Rubens n'a-t'il pas reçûs des plus grands Princes de l'Europe ; jusqu'à être employé dans d'importantes négociations avec le titre d'Ambassadeur ? Le Roy d'Angleterre & les autres grands Seigneurs Anglois & Etrangers, honoroient tellement le merite de Vandeik, qu'ils ne dédaignoient pas d'aller souvent manger chez luy. On a vû en France Stella Chevalier de Saint Michel, aussi-bien que le Brun, comblé d'honneurs & de biens par Loüis le Grand ; Mignard de même. Carlomarate a été fait Chevalier par les mains du Pape en plein Senat. Tant de Peintres fameux ont été honorez, que l'on en a tres-peu vûs, non-seulement en Italie, mais encore dans les autres Pays, qui n'ayent été annoblis & décorez de la Croix de Chevalier : ceux à qui ces honneurs ont échapé, les ont manquez, quelques-uns par une espece de Philosophie, & d'autres par négligence ou bizarrerie d'esprit. Il n'est pas défendu de mettre en usage une industrie loüable fondée sur la verité ; car il ne suffit pas d'avoir des talens distinguez, il faut encore sçavoir les produire avec quelqu'avantage.

La Peinture la plus parfaite, est celle qui peut par la maniere de penser, par l'imagination, & l'execution de la main, représenter les figures des choses, & tous les objets de la nature ; la main cependant est ce qui con-

PREFACE.

tribuë le moins à l'excellence de cet Art ; elle ne doit qu'obeïr à la pensée, & n'est, pour ainsi dire, que son esclave ; c'est pourquoy tant de Princes & de Héros ont pris plaisir à s'y exercer. Fabius, d'une des plus nobles Familles de Rome, fit tant de cas de la Peinture, qu'il l'exerça luy-même ; & après avoir peint avec succés le Temple dédié à la Santé, il fut surnommé Fabius Pictor, aussi-bien que ses Descendans. Jules Cesar & Auguste, de même que l'Empereur Antonin, ne dédaignoient pas de manier le Pinceau avec les mêmes mains dont ils portoient le Sceptre du Monde. François I. ne se délassoit jamais plus agréablement qu'à dessiner ou à peindre ; Loüis XIII. avoit le même goût. Loüis le Grand a donné luy-même en dessein les idées de plusieurs Monumens qu'il a fait élever ; Monseigneur, son Fils unique, a beaucoup dessiné ; & Monseigneur le Duc de Bourgogne avoit pour cet Art un amour & un génie declaré dés sa plus tendre enfance. Chacun sçait les talens extraordinaires pour la Peinture, qui ont brillé avec toutes les autres connoissances dans Monseigneur le Duc d'Orleans ; & avec quel agrément il s'y exerçoit avant qu'il fut chargé du penible fardeau de la Regence. On ne finiroit pas, si l'on vouloit citer les grands Princes qui ont honoré, aimé & pratiqué un si bel Art ; on ne doit pas en être surpris ; car la Peinture semble, si je l'ose dire, élever ceux qui l'exercent au-dessus de la plûpart des autres hommes ; puisque par un espece d'enchantement les grands Peintres osent entreprendre d'imiter les Ouvrages de Dieu même.

Approbation de l'Académie Royale des Inscriptions & belles Lettres.

L'Académie Royale des Inscriptions & belles Lettres, a entendu avec plaisir la plûpart de ces Discours sur la Peinture, où M. Coypel joint à tout ce qui peut donner une parfaite connoissance de son Art, les traits d'une érudition peu commune. Fait à Paris au Louvre le 29. de Novembre 1720.

GROS DE BOZE *Secretaire perpetuel de l'Academie.*

Approbation de l'Académie Royale de Peinture & de Sculpture.

Aujourd'huy sept Decembre 1720, l'Académie Royale étant assemblée pour les Conférences, Monsieur Coypel Ecuyer & premier Peintre du Roy, de Monseigneur le Duc d'Orléans Regent, & Directeur de ladite Académie, a prononcé un Discours sur la Peinture qu'il a composé, pour servir de Preface aux autres Discours prononcez ci-devant à diverses Conferences, à la fin duquel il a dit qu'au desir & à la priere de la Compagnie, il avoit remis ses Manuscrits au Sieur Collombat. L'Academie assemblée a jugé que l'impression de ces Discours, qui ont été prononcez publiquement avec l'applaudissement general, tant de la Compagnie que de nombres d'Illustres Auditeurs qui s'y sont trouvez, seroit tres-agréable aux Sçavans & aux amateurs de l'Art de Peinture, & tres-utile pour les Etudians qui voudront se perfectionner dans la pratique des choses absolument necessaires pour atteindre à la perfection de cet Art; c'est ce que Monsieur Coypel décrit & enseigne parfaitement dans les Discours qu'il a composez sur l'Art de la Peinture; & c'est le témoignage que l'Académie se croit obligé de rendre, en approuvant cet Ouvrage, & en le jugeant tres-digne d'être imprimé, suivant & conformement au Privilege que Sa Majesté a bien voulu accorder à ladite Academie.

Extrait du Registre de l'Academie Royale de Peinture & de Sculpture, & Copie delivrée au Sieur Collombat Imprimeur ordinaire du Roy & de la susdite Académie, par moy Secretaire de l'Academie, le sept Decembre mil sept cent vingt.

Signé, TAVERNIER.

ARREST DU CONSEIL D'ESTAT DU ROY,
Du 28. Juin 1714.

Portant Privilege à l'Academie Royale de Peinture & de Sculpture, & aux Academiciens, de faire imprimer & graver leurs Ouvrages; avec défenses à tous Imprimeurs, Graveurs, ou autres personnes, excepté celui qui aura été choisi par ladite Academie, d'imprimer, graver ou contrefaire, vendre des Exemplaires contrefaits, à peine de trois mil livres d'amende; confiscation de tous les Exemplaires contrefaits, Presses, Caracteres, Planches gravées, & autres utensiles qui auront servi à les imprimer, &c.

EXTRAIT DES REGISTRES DU CONSEIL D'ESTAT.

SUr ce qui a été representé au Roy, étant en son Conseil, par son Academie Royale de Peinture & Sculpture, que depuis qu'il a plû à Sa Majesté donner à ladite Academie des marques de son affection, Elle s'est appliquée avec soin à cultiver de plus en plus les beaux Arts, qui ont toujours fait l'objet de ses exercices; & comme la fin que Sa Majesté s'est proposée dans l'établissement de ladite Academie, composée des plus habiles du Royaume, a été non-seulement que la jeunesse profitât des instructions qui se donnent journellement dans l'Ecole du Modele, des leçons de Geometrie, Perspectives & Anatomies, à la vûë des Ouvrages qui y sont proposez pour servir d'exemples; mais encore que le Public fût informé du progrès qu'y font les Arts du Dessein, de la Peinture & Sculpture, en luy faisant part des Discours, Conferences & Descriptions qui pourroient le lui faire connoître, principalement en multipliant par la gravûre & impression les beaux Ouvrages de ladite Academie Royale, afin de les conserver à la posterité, unique moyen de perfectionner les Arts, & d'exciter de plus en plus l'émulation. A CES CAUSES, Sa Majesté desirant donner à sadite Academie, & à tous ceux qui la composent, toutes les facilitez & les moyens qui peuvent contribuer à rendre leurs travaux utiles au Public. LE ROY E'TANT EN SON CONSEIL, a permis & accordé à ladite Academie, de faire imprimer & graver les Descriptions, Memoires, Conferences, Explications, Recherches & Observations qui ont été & pourront

ront être faites dans les Assemblées de l'Académie Royale de Peinture & Sculpture ; comme aussi les Ouvrages de gravûre en taille-douce ou autrement, & generalement tout ce que ladite Academie voudra faire paroître sous son nom, soit en Estampes ou en Impressions, lorsqu'après avoir examiné & approuvé lesdits Ouvrages de chacun des particuliers qui la composent, Elle les aura jugez dignes d'être mis au jour, suivant & conformement aux Statuts & Reglemens de ladite Académie ; faisant Sa Majesté tres-expresses inhibitions & défenses à tous Imprimeurs, Libraires, Graveurs & autres personnes de quelque qualité & condition qu'elles soient, excepté celuy qui aura été choisi par ladite Academie, d'imprimer ou faire imprimer, graver ou contrefaire aucuns Memoires, Descriptions, Conferences & autres Ouvrages gravez ou imprimez concernant ou émanez de la susdite Academie, ni d'en vendre des Exemplaires contrefaits en nulle maniere que ce soit, ni sous quelques prétextes que ce puisse être, sans la permission expresse & par écrit de ladite Academie, à peine contre chacun des contrevenans de trois mil livres d'amende, confiscation, tant de tous les Exemplaires contrefaits, que des Presses, Caracteres, Planches gravées, & autres utensiles qui auront servi à les imprimer & contrefaire, & de tous dépens, dommages & interests. Veut Sa Majesté que le present Arrest soit executé dans son entier ; & en cas de contravention, Sa Majesté s'en reserve la connoissance & à son Conseil, & icelle interdit à tous autres Juges. Fait au Conseil d'Etat du Roy, Sa Majesté y étant : tenu à Marly le vingt-huit Juin mil sept cent quatorze.
Signé, PHELYPEAUX.

LOUIS par la grace de Dieu Roy de France & de Navarre : Au premier notre Huissier ou Sergent sur ce requis, Nous te mandons & commandons par ces Presentes signées de notre main, que l'Arrest dont l'extrait est ci-attaché sous le contre-sceel de notre Chancellerie, ce jourd'hui donné en notre Conseil d'Etat, Nous y étant, tu signifies à tous qu'il appartiendra, à ce qu'ils n'en ignorent, & fasses pour son entiere execution tous actes & exploits necessaires, sans demander autre permission : Car tel est notre plaisir. Donné à Marly le vingt-huitiéme Juin l'an de grace mil sept cent quatorze,

& de notre regne le soixante-douziéme. *Signé*, LOUIS. *Et plus bas :* Par le Roy, PHELYPEAUX.

L'An mil sept cent quatorze, l'onziéme jour de Septembre, à la requête de l'Académie Royale de Peinture & Sculpture, établie par Sa Majesté dans son Louvre à Paris ; J'ay Pierre Colin Huissier Audiencier aux Requêtes du Palais, demeurant rüe de la Juïverie, Paroisse S. Germain le Vieil, soussigné, signifié & laissé copie imprimée du présent Arrest du Conseil d'Etat du Roy, & Commission sur icelui obtenus aux fins y contenuës, au Sieur Charles Robustel Syndic de la Communauté des Imprimeurs & Libraires de Paris, en leur Bureau & Chambre Syndicale rüe des Mathurins, en parlant à sa personne, & ce tant pour lui que pour les autres Imprimeurs & Libraires, à ce qu'ils n'en ignorent, ait à y satisfaire, & faire sçavoir à sa Communauté ; lequel Sieur Robustel parlant que dessus, a fait réponse tant en son nom qu'en celui de ses Adjoints & de sa Communauté, qu'il accepte la présente signification, & qu'il n'empêche que le présent Arrest portant privilege accordé par Sa Majesté à sadite Académie Royale de Peinture & Sculpture, n'ait son entiere execution ; en se conformant par ceux qui feront graver & imprimer quelques Ouvrages ou Estampes en execution dudit Arrest, aux Reglemens rendus au sujet de l'Imprimerie & de la Librairie, & notamment à l'Arrest du Conseil du 17. Octobre 1704, qui ordonne, que de tous les Livres, Feüilles, Estampes & Gravûres, il en sera fourni, avant de les exposer en vente, huit exemplaires en la Chambre Syndicale de la Communauté ; & a signé, ROBUSTEL, Syndic.

Contre laquelle réponse j'ay, pour ladite Académie, réiteré les défenses portées au susdit Arrest, & protesté de tout ce qu'il y a à protester, & laissé copie, tant du susdit Arrest & Commission sur icelui que du présent. Signé, COLIN, avec paraphe. *Contrôlé à Paris le* 13. *Septembre* 1714. R. 45. f. folio 72. Signé, PONTAINT, avec paraphe.

En vertu du Privilége ci-dessus, l'Académie assemblée, a choisi le Sieur Collombat Imprimeur ordinaire du Roy.

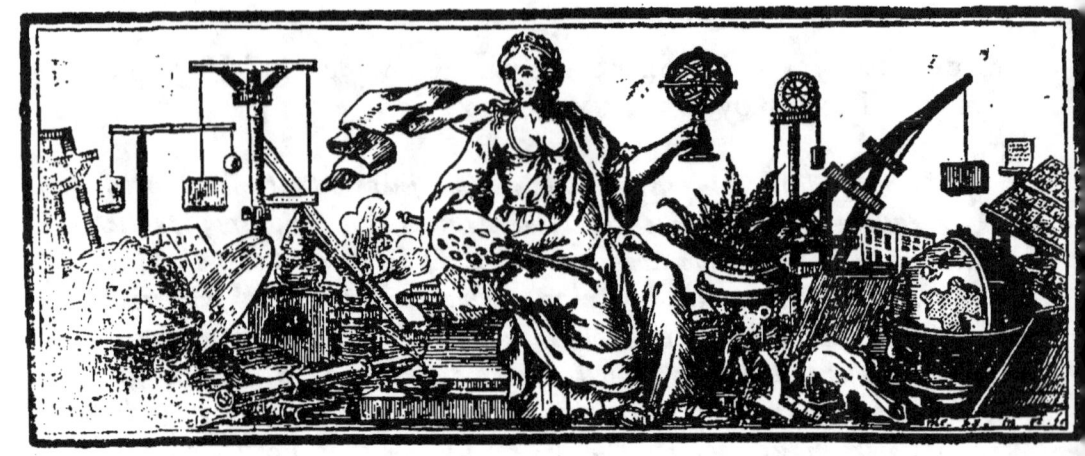

EPISTRE
A MON FILS,
SUR LA PEINTURE.

1. Nfin vous le voulez, ma résistance est vaine ;
2. Un ascendant plus fort malgré moy vous entraîne ;
3. Et de l'Art du Dessein votre cœur trop épris ,
4. Veut dans l'Académie en disputer le prix.
5. Suivez donc les transports de cette ardeur extrême ;
6. Mais écoutez, mon Fils, un Pere qui vous aime.
7. Sur cet Art peu connu, les divers sentimens
8. Peuvent vous entraîner dans des égaremens:

& de notre regne le soixante-douziéme. *Signé*, LOUIS. *Et plus bas :* Par le Roy, PHELYPEAUX.

L'An mil sept cent quatorze, l'onziéme jour de Septembre, à la requête de l'Académie Royale de Peinture & Sculpture, établie par Sa Majesté dans son Louvre à Paris ; J'ay Pierre Colin Huissier Audiencier aux Requêtes du Palais, demeurant ruë de la Juiverie, Paroisse S. Germain le Vieil, soussigné, signifié & laissé copie imprimée du present Arrest du Conseil d'Etat du Roy, & Commission sur icelui obtenus aux fins y contenuës, au Sieur Charles Robustel Syndic de la Communauté des Imprimeurs & Libraires de Paris, en leur Bureau & Chambre Syndicale ruë des Mathurins, en parlant à sa personne, & ce tant pour lui que pour les autres Imprimeurs & Libraires, à ce qu'ils n'en ignorent, ait à y satisfaire, & faire sçavoir à sa Communauté ; lequel Sieur Robustel parlant que dessus, a fait réponse tant en son nom qu'en celui de ses Adjoints & de sa Communauté, qu'il accepte la presente signification, & qu'il n'empêche que le present Arrest portant privilege accordé par Sa Majesté à sadite Academie Royale de Peinture & Sculpture, n'ait son entiere execution ; en se conformant par ceux qui feront graver & imprimer quelques Ouvrages ou Estampes en execution dudit Arrest, aux Reglemens rendus au sujet de l'Imprimerie & de la Librairie, & notamment à l'Arrest du Conseil du 17. Octobre 1704, qui ordonne, que de tous les Livres, Feüilles, Estampes & Graviûres, il en sera fourni, avant de les exposer en vente, huit exemplaires en la Chambre Syndicale de la Communauté ; & a signé, ROBUSTEL, Syndic.

Contre laquelle réponse j'ay, pour ladite Academie, réïteré les défenses portées au susdit Arrest, & protesté de tout ce qu'il y a à protester, & laissé copie, tant du susdit Arrest & Commission sur icelui que du present. Signé, COLIN, avec paraphe. Contrôlé à Paris le 13. Septembre 1714. R. 45. s. folio 72. Signé, PONTAINT, avec paraphe.

En vertu du Privilége ci-dessus, l'Académie assemblée, a choisi le Sieur Collombat Imprimeur ordinaire du Roy.

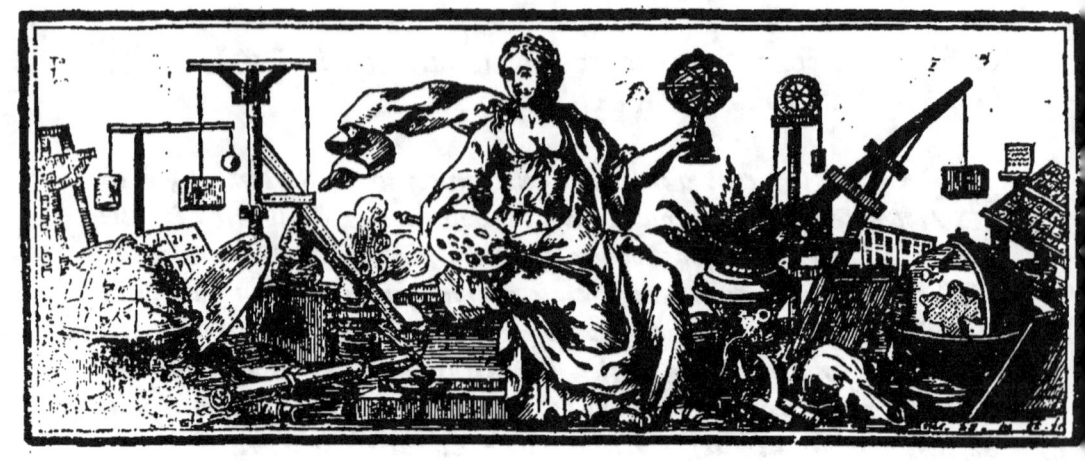

EPISTRE
A MON FILS,
SUR LA PEINTURE.

1. Enfin vous le voulez, ma refiftance eft vaine ;
2. Un afcendant plus fort malgré moy vous entraîne ;
3. Et de l'Art du Deffein votre cœur trop épris,
4. Veut dans l'Académie en difputer le prix.
5. Suivez donc les tranfports de cette ardeur extrême ;
6. Mais écoutez, mon Fils, un Pere qui vous aime.
7. Sur cet Art peu connu, les divers fentimens
8. Peuvent vous entraîner dans des égaremens:

ã ã ij

EPISTRE

Page 11. 9. Cet embarras confus, rendant l'étude vaine,

10. Fait suivre en chancelant une route incertaine.

Page 30. 11. Quelques-uns revêtus du nom de Connoisseurs,

12. Arbitres ignorans, s'érigent en Censeurs;

13. Et voulant décider sans goût, sans connoissance,

14. D'un arrest téméraire étalent l'insolence.

15. Celui-ci pour avoir prodigué tout son bien,

16. A de rares Tableaux vantez par Felibien;

17. Et pour avoir appris quelque phrase inutile,

18. Croit parler de Peinture aussi-bien que de Pile.

19. C'est-là d'un si bel Art le destin malheureux;

Page 16. 20. Tel rempli de l'Auteur, dont il est amoureux,

21. Ne sçauroit supporter que ce qui luy ressemble:

22. Il trouve dans luy seul tous les talens ensemble;

23. Les beautez de l'esprit, le dessein, la couleur;

24. Et prenant son parti, toujours avec chaleur,

25. Souvent pour l'élever à la gloire suprême,

26. Veut l'exalter si haut qu'il le détruit lui-même.

27. Vous donc qui, secondé par un génie heureux,

28. Courez de ce bel Art le sentier perilleux:

29. Evitant avec soin ces dangereux caprices,

30. Sur de sages avis corrigez tous vos vices;

SUR LA PEINTURE.

31. Confultez le public, & fuyez les flateurs,   Page 17.
32. De vos plus grands défauts, lâches admirateurs.
33. Un Peintre qui fe flate, en fon orgüeil extrême,   Page 20.
34. Connoiffant peu fon Art, fe cónoît peu lui-même;
35. Et charmé de l'encens dont on vient l'entêter,
36. En nourrit les erreurs qu'il devoit rejetter.
37. Cedez à la raifon fans nulle réfiftance;
38. Mais ne pechez jamais par trop de complaifance:
39. Evitez, s'il fe peut, le fol aveuglement
40. De tout homme guidé par fon entêtement.
41. Fuyez ceux qui, toujours entraînez par l'intrigue,
42. Prodiguent leur encens à la plus forte brigue;
43. Il eft certains refforts pour fe faire un appui,
44. Et jufqu'à la loüange, on vend tout aujourd'hui.
45. C'eft fouvent l'interêt d'une injufte cabale
46. Qui fait qu'on vous éleve, ou que l'on vous ravale;
47. Et la foule imbécile, & fans difcernement,
48. Sur un fat en crédit regle fon jugement.
49. Meritez donc, mon Fils, de plus dignes fuffrages,
50. Et qu'en votre faveur parlent feuls vos Ouvrages.
51. Les Tableaux enchanteurs, femez de toutes parts,
52. Semblent par leurs appas attirer vos regards:

EPISTRE

Page 25. 53. Des grands Maîtres de l'Art contéplez les merveilles;
54. Profitez avec foin de leurs fçavantes veillés;
55. Que leur talens divers foient de vous refpectez:
56. Mais fuyez leurs défauts en cherchant leurs beautez.
57. Suivant donc la raifon, cette vive lumiere,
58. Cherchez dans le CORRE'GE une grande maniere,
59. Un grand goût de deffein, un heureux choix du beau;
Page 75. 60. La grace, le naïf, le charme du Pinceau;
Page 84. 61. Mais n'en imitez pas, par un efprit bizare,
62. Les caprices outrez où fa verve s'égare.
Page 87. 63. Du fameux TITIEN le coloris charmant,
64. Dans fes Tableaux exquis eft un enchantement:
65. C'eft-là que le Pinceau, par fa docte impofture,
66. Semble, en nous féduifant, furpaffer la nature:
67. Là des douces couleurs les tons harmonieux,
68. Par de divins accords fçavent charmer les yeux.
Page 54. 69. On y voit du Pinceau les plus grands avantages,
70. Et la force & le vray frappent dans fes Ouvrages;
71. Gardez-vous cependant, plein de fon coloris,
72. D'être de fon deffein également épris.
73. Pour cet Art qu'on néglige, un plus parfait modelle
74. Offre à votre génie une route fidelle;

SUR LA PEINTURE.

75. Annibal vous y peut conduire seurement;
76. En marchant sur ses pas on s'avance aisément.
77. Michel-Ange avant luy par un Dessein sévére,
78. D'un goût terrible & fier forma le caractére;
79. Mais le soigneux Carache en démêla le beau;
80. Et sçut y joindre encor les graces du Pinceau.
81. Du grand majestueux, puisé dans Michel-Ange,
82. Et du vray du Correge il fit un doux mêlange;
83. Mais malgré ses talens si justement vantez,
84. Il n'atteignit jamais les sublimes beautez,
85. Dont le grand Raphael, dés ses premieres veilles;
86. Sçut étaler aux yeux les sçavantes merveilles.
87. Il découvre à la fois les plus rares trésors;
88. Justesse de contours, proportion des corps,   Page 46.
89. Le dessein élégant de l'antique sculpture,   Page 97.
90. Joint aux effets naïfs que fournit la nature;
91. Un choix pur & sçavant, de simples agrémens;
92. Un grand goût de draper, de beaux ajustemens   Page 115.
93. Négligez avec art, conduits avec prudence;
94. Une docte sagesse, une juste abondance,
95. Un génie à la fois, & sublime & profond,
96. Aisé, simple, solide, agréable, fécond,

EPISTRE

97. Sage sans être froid, & simple sans bassesse,
98. Grand sans paroître outré, toujours plein de noblesse,
99. Profond sans être obscur, agréable sans fard;
100. La raison y paroît souveraine de l'Art :
101. On ne l'y trouve point lâchement abaissée
102. Sous le joug dangereux d'une fougue insensée,
103. Qui par le faux éclat d'un feu pernicieux,
104. Fait la guerre au bon sens pour éblouïr les yeux :

Page 131. 105. Là des expressions les beautez naturelles,
106. Nous offrent du sujet les images fidéles :

Page 151. 107. Les mouvemens de l'ame y sont peints doctement,
108. La force s'y fait voir unie à l'agrément :
109. Tout prenoit sous sa main un divin caractére;
110. Et suivant une route inconnuë au vulgaire,
111. Par les charmes touchans des simples veritez,
112. Il s'élevoit toujours aux sublimes beautez.
113. Par ses principes sûrs votre étude guidée,
114. Rectifie, enrichit, ennoblit votre idée.
115. Laissez-vous donc charmer par ses doctes appas ;
116. En suivant ce grand Homme on ne s'égare pas.
117. Ses Disciples fameux par leurs rares Ouvrages,
118. En rendent à nos yeux d'éclatans témoignages.

JULE

SUR LA PEINTURE.

119. Jule, plus abondant par mille inventions,
120. Sçut enchanter l'esprit par ses productions;
121. Et fidéle amateur des beautez de l'antique,
122. Il en remit au jour la grandeur héroïque.
123. Heureux s'il eût pû joindre à sa noble fierté
124. Un Pinceau moins aride & plus de verité !
125. Que de son feu divin la véhémente flâme
126. Echaufe votre verve & passe dans votre ame.
127. Allez, mon Fils, allez plein d'un hardi dessein;
128. Semblable à Promethée, en faire un beau larcin.
129. On pardonne aisément cette heureuse finesse,
130. Quand le Peintre sçait bien déguiser son adresse,
131. Et qu'une autre beauté, jointe au beau qu'il a pris,
132. Coulant de même source, en égale le prix :
133. Mais loin ces Peintres froids pressez dās leur génie,
134. Qui dérobant des biens que le Ciel leur dénie,
135. Du merite d'autruy font valoir leur Pinceau,
136. Et de lambeaux exquis font un mauvais Tableau.
137. Voulez-vous donc, mon Fils, par une noble audace,
138. Chez la posterité vous marquer une place.
139. De ces Peintres déja retracez dans mes Vers,
140. Découvrez avec soin tous les talens divers;

e e

141. On peut les égaler quand on les sçait comprendre,
142. C'est le sens, c'est l'esprit, c'est le goût qu'il faut prendre,
143. Un grand homme jamais ne fait rien au hazard,
144. Sur des principes sûrs établissez votre Art :
145. Que la nature soit votre guide fidelle,
146. Et qu'aucun faux éclat ne vous écarte d'elle.
147. N'allez pas cependant, trop timide & peu vif,
148. Rallentir d'un beau feu le mouvement actif ;
149. Saisissez promptement l'instant qui vous anime,
150. C'est luy seul qui produit le grand & le sublime.
151. Soyez sur ce précepte attentif à ma voix,
152. Imitez la nature, & sçachez faire un choix ;
153. Tâchez de joindre ensemble & le grand & l'aimable,
154. Le tendre, le naïf, le fort & l'agréable ;
155. Sçachez frapper l'esprit en abusant les yeux :
156. Soyez vif & correct, toujours harmonieux.
157. Il est dans les couleurs de douces sympaties,
158. Qui par un art divin doctement assorties,
159. Sçavent charmer les yeux d'autant d'accords touchans,
160. Qu'à l'oreille ravie en offrent les beaux chants.
161. Des ombres & des jours ménagez l'avantage,
162. C'est de-là que dépend tout l'effet d'un Ouvrage,

SUR LA PEINTURE.

163. Mais que de ce grand Art le myſtére enchanté,
164. Soit pris ſur la raiſon & ſur la verité.
165. * *Que dans tous vos ſujets la paſſion émuë,*   Page 112.
166. *Aille chercher le cœur, l'échaufe & le remuë,*
167. Par des traits pleins de ſel ſemez de toutes parts,
168. Du docte curieux attachez les regards.
169. Je haïs d'un Peintre froid l'aveuglement extrême,
170. Qui rempant, & ſans force, eſt content de luy-même ;
171. D'une exacte froideur mes yeux ſont rebutez,
172. J'aime mieux des défauts & de grandes beautez ;
173. Mais n'allez pas pourtant, prompt à vous ſatisfaire,
174. Pour quelque faux brillant ſottement vous complaire ;
175. Puiſez dans le vrai ſeul le ſolide & le beau,
176. Que la raiſon par tout guide votre Pinceau,
177. Auſſi-tôt vous verrez le Public équitable
178. Honorer vos travaux d'une voix favorable ;
179. Et LOUIS attentif à proteger les Arts,
180. Pourra ſur vos talents jetter d'heureux regards ;
181. Mais quel que ſoit l'effet de cet honneur ſuprême,
182. Ne ſoyez point rempli de l'amour de vous-même ;

* Art Poëtique de M. Deſpreaux.

EPISTRE SUR LA PEINTURE.

183. Et quelque grand éclat où vous puissiez vous voir,
184. De l'étude, mon Fils, faites-vous un devoir,
185. La Peinture demande une ardeur toujours vive,
186. Et pour s'en faire aimer, il faut qu'on la cultive.

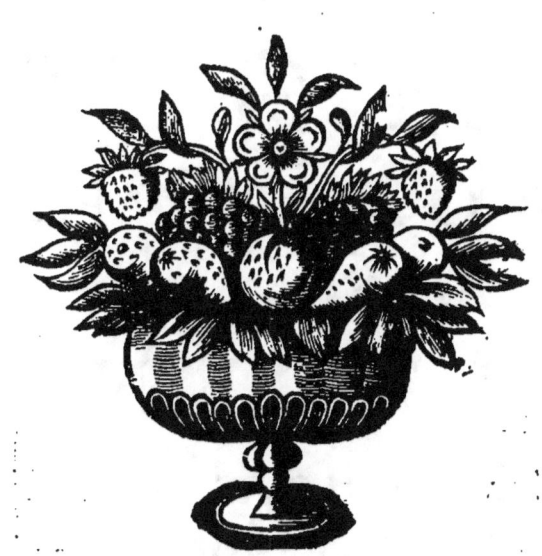

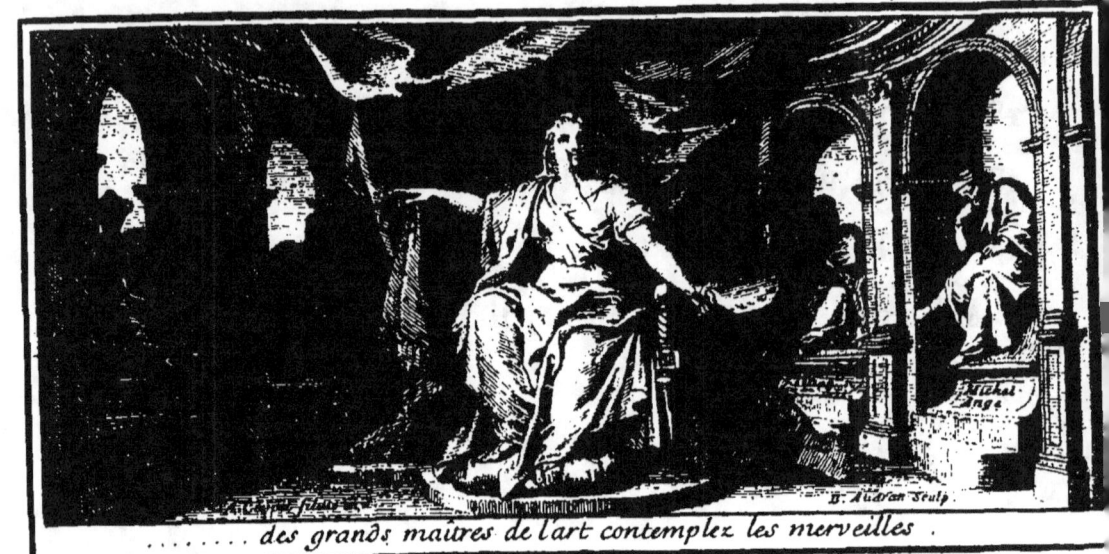

.... des grands maîtres de l'art contemplez les merveilles.

DISCOURS
PRONONCEZ
DANS LES
CONFERENCES
De l'Académie Royale de Peinture & de Sculpture.

Un ascendant plus fort malgré moy vous entraîne Second v_e
de l'Epitr

L est certain, MESSIEURS, que pour se distinguer dans la Peinture, de même que dans la Poësie, il faut que ce soit nôtre propre génie, ou pour mieux dire, la nature elle-même qui nous entraîne, & nous force à prendre un parti si difficile à soutenir. Ceux qui s'y engagent

A

sans les talens que donne une naissance heureuse, quelques soins qu'ils puissent prendre d'ailleurs, ne peuvent jamais que ramper : ils réduisent souvent le plus noble de tous les Arts au niveau des plus vils Métiers. De-là vient que le commun du monde n'a pas pour la Peinture cette admiration que les personnes éclairées ne peuvent luy refuser.

Plusieurs personnes jugent de l'Art par le caractere de la plûpart de ceux qui l'exercent : & comme il se peut trouver qu'avec un esprit borné, on parvienne à acquerir l'habitude de dessiner & de peindre ; on croit qu'avec une pratique quelquefois pernicieuse, dénüée d'art & de principes, on doit usurper le nom de Peintre si difficile à mériter. Quelle étendüe d'esprit ne faut-il pas avoir pour s'élever dans un art qui comprend, non-seulement tout ce qui est visible dans la nature, mais qui doit foüiller dans les plus secrets sentimens du cœur, pour les rendre sensibles aux yeux des hommes ? Car quoyque beaucoup de personnes croyent que la perfection de la Peinture ne consiste que dans le rapport & la ressemblance aux objets visibles de la nature, elle ne se borne pas là ; elle doit joindre à la fidelité de l'Histoire toute l'élevation & le sublime de la Poësie, de même que la Tragédie : elle doit trouver des ressorts qui remuënt les passions & qui inspirent à son gré la joye, la tristesse, la douceur, la colere & l'horreur : Elle doit par la force de ses enchantemens nous transporter dans les Pays, & parmi les Nations qu'elle veut représenter. Enfin sur une superficie platte, elle doit, en abusant les yeux, toucher le cœur, instruire l'esprit, contenter la raison : semblable à l'Epopée, elle s'éleve souvent jusques dans les Cieux, pour en rapporter aux hommes des idées divines, que l'effort de son génie luy a fait comme envisager. Tout est de son ressort, soit sur la terre, sur les eaux, ou dans les airs. Il faut que le grand Peintre se transforme en autant de caracteres qu'il veut en représenter. Il doit sçavoir par d'ingénieuses allégories donner des corps aux idées mêmes, & tromper tellement les yeux & l'esprit, qu'il fasse prendre pour des veritez des choses qui n'ont jamais été, & qui ne peuvent jamais être.

Enfin l'on peut dire que le génie de la Peinture, est l'ame de tous les beaux Arts. Et pour ne parler que d'un seul, c'est-là que l'Architecture même puise la richesse de ses idées. Le même esprit que l'on appelle Pittoresque, y jette ce tour ingénieux & noble pour la décoration, qui, franchissant à propos la sécheresse des regles trop severes, répand dans ses Ouvrages un air de grandeur, de grace & de noblesse, que ce génie seul inspire, & que tous les Livres & les Maîtres du monde ne sçauroient presqu'enseigner.

Il est donc vray de dire que c'est un aussi grand abus de donner le nom de veritable Peintre à ceux à qui la nature a refusé ces grands talens, que d'appeller grands Poëtes ceux à qui il peut être échapé quelques vers agréables; ou à qui l'habitude a donné quelque facilité pour trouver des rimes, quoyque d'ailleurs manquant de ce feu divin & de cette élevation d'esprit qui fait les Poëtes, sont incapables d'atteindre à la grandeur de la Poësie. Je dis plus; oserois-je l'avancer? je crois que la seule faculté de dessiner & de peindre, n'est à l'égard de la Peinture, que ce que la faculté du langage est à l'égard de la Poësie ou de l'Eloquence. Mais ce qui fait beaucoup en faveur de la Peinture, c'est que discourir est une opération naturelle à l'homme; & que dessiner & peindre, se doit absolument acquerir.

Je dis donc que comme un homme, pour sçavoir s'énoncer dans la langue de son Pays, n'est pas pour cela ni Poëte ni Orateur; de même un homme qui a acquis la facilité de dessiner ou de peindre des objets qui donnent même l'idée du naturel qu'il a voulu imiter, ne possede encore, pour ainsi dire, que le langage de la Peinture par lequel il peut parvenir à remplir l'idée de son Art, si son génie est d'une assez grande étenduë pour pouvoir l'y élever.

Il faut donc pour y réüssir, non-seulement beaucoup d'esprit, mais un goût naturel & délicat; l'imagination vive & abondante, de la sensibilité dans le cœur, de la noblesse dans les sentimens, de la docilité & du courage enfin, pour resister aux fatigues de l'étude, aux traverses de la fortune, souvent même aux traits de l'envie.

C'est, je crois, le concours nécessaire de tant de choses qui faisoit qu'autrefois chez les Grecs il n'estoit permis qu'aux Nobles d'exercer un Art si noble par luy-même, & qui demande des qualitez si éminentes; & de-là viennent aussi les honneurs que l'on a rendus presque dans tous les temps à ceux qui s'y sont veritablement distinguez.

<small>Sixiéme vers de l'Epitre.</small> *Mais, écoutez, mon Fils, un Pere qui vous aime.*

LEs conseils qui nous sont donnez par des personnes dont l'amitié nous est connuë, nous font alseurément plus d'impreſſion que les autres. Car il entre ſouvent beaucoup d'amour propre dans la demangeaiſon de donner des avis. Combien de gens ſe perſuadent meriter tout l'honneur d'un Ouvrage ſur lequel ils auront fait une Critique heureuſe, dont l'Auteur même aura ſçû profiter. Ce hazard leur donne la liberté de critiquer toujours, de s'établir dans le monde pour les ſeuls connoiſſeurs, & les ſeuls arbitres du bon goût. Alors les déciſions ne leur coûtent plus ; ils les font même ſans voir ce qu'ils critiquent, & ſans l'examiner ; les ſimples les écoutent ; les ignorans les admirent ; & les Auteurs revoltez en ſont toujours les victimes. Alors les conſeils fatiguent ; les meilleurs paroiſſent ſuſpects : l'Auteur s'appercevant que l'on ne les luy donne que par oſtentation, s'abandonne luy-même à ſa propre vanité ; il s'obſtine ; il s'opiniâtre, & ſe roidit ſouvent contre la verité même qu'il entrevoit. Qu'il eſt aiſé cependant de diſtinguer ce que l'amitié fait conſeiller, de ce que décide le vain orgueïl. Le veritable amy loüe en public ce qui peut être loüé, & critique en particulier ce qui luy paroît foible ou défectueux. L'homme vain & faſtueux loüe dans le tête à tête, & devient froid ou cenſeur impitoyable, quand il eſt entouré.

Mais ſi l'on doit écouter les conſeils de ceux qui nous aiment, l'on peut encore faire ſon profit de ceux qui nous haïſſent, & démêler des veritez importantes au milieu des injuſtices groſſieres que la paſſion & l'envie font éclater. Le plus ſûr, cependant, eſt de choiſir un amy fidéle, équitable cenſeur, qui nous marque ſincerement le défectueux de nos Ouvrages ; qui ſçache nous éclaircir dans nos doutes, & réchauffer nos idées.

Soyons dociles à ses remarques, comme il doit l'être de son côté aux réponses que l'on pourra quelquefois faire à ses critiques, quoyque judicieuses. Gardons-nous donc d'imiter ceux qui charmez de leurs productions, employent plus de temps à ramasser des loüangeurs, qu'à meriter des loüanges: leurs complimens ne finissent point; ils les flattent, ils les embrassent pour se faire applaudir, & se mettent eux-mêmes sur la tête les couronnes que l'on tarde trop à leur donner.

Sur cet Art peu connu les divers sentimens.

<small>Septiéme vers de l'Epitre.</small>

COmme un des principaux objets que les Arts se proposent est de plaire, il n'y a presque point d'hommes qui ne croyent être en droit d'en juger. Il est certain que les principes & les regles n'ont été faites que pour arriver à ce but. Mais ces mêmes principes établis par succession de temps sur la raison & sur l'experience, & qui sont en general presque les mêmes dans tous les beaux Arts, n'étant pas également bien entendus de tout le monde, font prendre le change à une infinité de gens. Car au lieu de se laisser entraîner à l'effet naturel que produit un Ouvrage, on veut se laisser toucher par methode, & se dépoüiller des sentimens que la nature a mis en nous, pour soumettre son goût à des regles qui souvent n'étant pas entenduës, deviennent des préjugez qui nous aveuglent, au lieu de nous éclairer.

Qui sont ceux qui jugent ordinairement de la Peinture? Ce sont, ou les Peintres mêmes, ou les gens du monde, qu'on suppose gens d'esprit, & de sentiment: ce sont aussi les Sçavans, gens de Lettres, les Curieux

& le Peuple en general. Examinons les manieres differentes dont toutes ces sortes de personnes portent leurs jugemens.

Les grands Peintres, comme vous, Messieurs, qui sçavent joindre aux principes de leur Art les lumieres de l'esprit & d'une sçavante experience, sont, sans doute, les veritables Oracles que l'on doit consulter. Ils ne laissent point, comme les Peintres ordinaires, corrompre leur jugement par la force d'une longue & mauvaise habitude, qui mettant un voile devant les yeux, les empêche de voir la nature même, telle qu'elle est veritablement. La Peinture d'ailleurs étant, pour ainsi dire, comme un Cosne que l'on voit de differens côtez. La plûpart s'attachent à la partie où leur penchant, la portée de leurs lumieres ou leur éducation, les a placez, & jettent rarement leur affection sur un autre côté. Ainsi chacun élevant uniquement les talens qu'il croit posseder, ne rend pas toujours justice à ceux qu'il peut avoir trop négligez. De-là viennent les sentimens divers, les fausses opinions; sources de tant de cabales, ces disputes aigres & dangereuses sur les Ecoles differentes que l'on éléve, ou que l'on rabaisse selon ses préjugez, ou ses propres interêts.

Les gens du monde, personnes d'esprit & de sentimens, qui ne jugent que par un goût naturel & par les lumieres de la raison, n'étant prévenus d'aucune impression que de celle de la nature, ne sont pas, quoyque l'on puisse dire, ceux qui rencontrent le moins juste. Ils s'embarrassent peu des préventions des autres, & ne sont point esclaves du respect outré que l'on a quelquefois pour les morts. Les Pays où sont nez les Auteurs ne leur imposent point, & se laissant entraîner uniquement à ce qui leur plaît, le vray seul les saisit & les frappe : ils jugent souvent bien de l'imitation des objets ; ils sont émûs par les caracteres & par les expressions ; ils sont touchez de la beauté des idées, des pensées fines & ingénieuses de l'imagination, de la varieté & des bienséances : en un mot ils sont frappez de tout ce qui regarde la raison, l'esprit & le sentiment. J'avouë qu'ils doivent s'en tenir à l'effet, sans vouloir pénétrer dans le détail des mysteres de l'Art qui doivent être reservez aux grands Maîtres tels que vous, Messieurs, consommez dans l'étude & confirmez par l'expérience.

Les Sçavans & les gens de Lettres, qu'un grand Peintre doit souvent consulter & toujours respecter ; ces gens de Lettres, dis-je, quelque superiorité qu'ils doivent avoir sur les autres hommes pour sçavoir juger sainement, ne laissent pas quelquefois d'être trop insensibles à de grandes beautez. Le Mathematicien rapporte tout à la Geometrie, aux Plans & à la Perspective ; les beautez de l'imagination le touchent peu. L'Historien n'est saisi que de la fidelité de l'Histoire, de la regularité du Costume. L'Orateur & le Poëte, de l'invention, de la grandeur des idées, & des passions en général. Peu de ces Messieurs s'apperçoivent que l'œconomie d'une Piece d'éloquence, ou d'un Poëme, doit se retrouver dans un Tableau bien disposé.

Car tous les Arts ont certainement les mêmes principes ; par exemple, les Poëtes ne pourront, je crois, disconvenir du rapport des parties de la Tragédie, à celles d'un Tableau héroïque.

Les six parties de la Tragédie qui luy sont essentielles, selon les Anciens, & qui servent à ce Poëme, pour imiter, de même que la Peinture, un évenement convenable & important, sont la Fable, les Mœurs, la Diction, la Décoration & la Musique.

La Fable contient l'action que le Poëte doit imiter; & soit qu'elle soit prise encore pour la construction, ou la composition du Poëme, ce rapport est parfait avec l'invention & la composition du Tableau; mêmes regles; même conduite; même œconomie.

Cette Action est accompagnée par des Mœurs qui luy conviennent; le Peintre n'est-il pas obligé de representer les mœurs, les caracteres & les coûtumes?

Ces Mœurs causent des sentimens qui leur sont proportionnez; les Peintres ne doivent-ils pas par un langage muet & par de simples gestes, rendre avec la même force ces sentimens & les passions de la Poësie?

Le Discours ou la Diction manquent au Peintre, il est vray; mais c'est en quoy ses miracles sont plus étonnants, puisque, comme je l'ay déja dit, son langage étant la faculté de dessiner & de peindre, la Peinture rend par de simples traits & quelques couleurs, l'énergie & la force de la parole. La beauté de la versification est à la Poësie, ce que le charme du coloris & l'élégance du pinceau est à la Peinture.

La Décoration de la Scéne convient également à ces deux Arts, pour ce qui regarde l'invention & les convenances; mais le Poëte ne sçait qu'imaginer, & le Peintre fait plus.

La Musique qui faisoit partie de la Tragédie des Anciens, contient encore les mêmes principes que la Pein-

B

ture ; & le Peintre doit jetter une continuelle harmonie dans ses Ouvrages, tantôt par le clair-obscur, & tantôt par les tons des couleurs.

Le Peintre, aussi-bien que le Musicien, n'a-t'il pas les Dessus, les Haute-contre, les Tailles & les Basses, tantôt par les degrez des clairs & des bruns, & tantôt par les nuances des couleurs ? La varieté de ces tons & de ces parties se multiplie à l'infini.

Ce que les Musiciens appellent Modes ou Desseins, sont gracieux, forts ou terribles. Mêmes principes dans un Tableau. Ce qui doit émouvoir le cœur en passant par l'oreille, doit l'émouvoir aussi en passant par les yeux. Le coup d'œil d'un Tableau doit déterminer son caractere.

Le Contre-point, les grands Desseins & le travail foncier d'un Musicien, se font par les mêmes principes que l'artifice du clair-obscur & le charme du coloris.

Les accords parfaits de la Musique doivent être dans un Tableau par la sympathie parfaite des couleurs ; & le grand Peintre doit aussi-bien que le Musicien se servir à propos des dissonances, qui sont les fortes oppositions de clair-obscur & de coloris ; & pour réveiller de temps en temps son ouvrage, le remplir d'une agréable varieté qui ravit, étonne & surprend le Spectateur.

Ce merveilleux rapport de la Peinture avec les plus beaux Arts étant incontestable, ne doit-on pas s'étonner que quelquefois des Sçavans ou Gens de Lettres ne jettent les yeux sur des Tableaux que comme sur des ouvrages de la main, sans s'appercevoir que le même esprit qui doit animer leurs productions, est celuy qui anime les nôtres?

A l'égard de ce qu'on appelle les Curieux, il y en a de differentes especes. Ceux qu'un veritable amour des beaux Arts a porté à ne rien épargner pour rassembler ce que l'Art a produit de plus précieux, & pour satisfaire un goût que la Nature & la beauté de leur génie leur inspirent, joignant à ce beau naturel les connoissances que le commerce qu'ils ont avec les chefs-d'œuvre qu'ils possedent, leur donne; ceux-là même sans doute, doivent veritablement juger mieux que les autres: mais combien en voit-on qui outrant la prévention justement établie sur l'estime que l'on doit faire des Anciens & se connoissant plus en Tableaux qu'en Peinture, ne sçavent admirer que ce que la Mort a consacré; adorant jusqu'aux plus grands défauts des Anciens, & ne daignant pas honorer même de leurs regards les beautez des Ouvrages de ceux qui ont, pour ainsi dire, le malheur de vivre encore.

Pour ce qui regarde le Peuple en general, ses jugements sont incertains, il change, il varie selon qu'il est entraîné; le nombre est suivi de la foule; il a des yeux & ne voit que par ceux d'autruy; prévenu, foible & changeant; il ne devient jamais équitable que lorsqu'un long-temps a déterminé ses jugements.

Cet embarras confus rendant l'étude vaine,
Fait suivre en trébuchant une route incertaine.

Neuvième & dixième vers de l'Epitre.

LE Voyageur mal guidé n'est pas toujours seur de son gîte; & quand au milieu d'un bois parmi plusieurs routes differentes, il prend la mauvaise, plus il marche, plus il s'éloigne du lieu où il veut arriver. Il en est de même du chemin de l'étude. Un jeune homme qui cherche à y entrer, trouve cent routes differentes qui se presentent à luy ; & s'il n'est conduit par un guide éclairé, exempt de ces dangereuses préventions qui aveuglant presque tous les hommes, les entraînent dans le mauvais sentier, il est certain que plus il travaille, plus il s'éloigne du but qu'il s'est proposé.

J'ay vû à Rome dans ma jeunesse des Peintres remplis de respect pour les Fresques du Vatican, qui, faute de lumieres pour pénétrer les beautez sublimes de Raphaël, ne s'attachoient qu'à rencherir sur les duretez & les sécheresses qui se trouvent en beaucoup d'endroits, qui sont executez par les Disciples de ce grand homme. J'en ay même vû un dont la ridicule exactitude alloit jusqu'à imiter fidélement les fentes du plâtre qu'il prenoit pour des muscles ou des plis de draperies ; ainsi copiant sans goût d'excellens Originaux, des Bas-reliefs & des Statuës antiques, on ne fait quelquefois, à force de travail & de peine, qu'augmenter son incapacité & sa présomption.

Ceux qui ont pris le travers dans leurs études, gonflez pour ainsi dire, de cette espece de commerce qu'ils croyent avoir eu avec les grands Maîtres qu'ils n'ont cependant pas connus, ne laissent pas de se remplir d'un dangereux orgüeil qui les empêche de regarder d'autres routes que celles qu'ils ont suivies ; ce qui fait qu'ils en entraînent d'autres aprés eux, qui, prévenus de même, forment ces Ecoles pernicieuses, sources de tant d'erreurs.

Je crois qu'un jeune homme né avec un génie convenable doit sur toutes choses, chercher à se mettre sous la discipline d'un Maître, non-seulement éclairé, mais même assez dépoüillé de cet amour propre qui fait que l'on se donne uniquement pour exemple. Je voudrois que ce Maître formât ses Disciples sur les beautez reconnuës dans les Chefs-d'œuvre des grands Maîtres, toujours par rapport à la Nature & à la raison ; qu'il prit soin de leur marquer ce qu'il faut suivre dans les uns, & ce qu'il faut éviter dans les autres ; qu'il leur fit démêler les choses qui ne sont que d'opinion, & leur fit bien connoître celles qui sont fondées sur des raisons démonstratives : car je croy que l'on doit rendre raison presque de tout, & que ces grands mots de clair-obscur, de moëleux, de couleur locale, de paste, de sévérité de dessein, de pittoresque, ne signifient pas grand chose, quand ils ne sont pas soutenus par une application juste, par le raisonnable & le vray. Dans ce qu'on appelle clair-obscur, on prend souvent le clinquant pour de l'or. Ce qui manque de forme & de précision, s'appelle un goût moëleux. La dureté, la sécheresse se fait admirer sous le nom de fermeté de dessein ; & l'on abuse souvent du mot de pittoresque, comme de celuy de Philosophe. Un homme paresseux, indolent, insensible à cette noble émulation qui doit animer tout le monde, bizarre, brusque, impoli, veut couvrir ses défauts par les apparences de la Philosophie, comme on a vû souvent des Peintres sans principes, entraînez par une verve déreglée, couvrir du nom de Pittoresque les desordres de leur imagination. Cependant ce qu'on appelle Pittoresque, n'est autre chose qu'un choix piquant & singulier des effets de la Nature, assaisonné de l'esprit & du goût, & soutenu par la raison.

La Peinture est un langage qui doit être entendu de tout le monde ; son trop de bizarrerie est comme l'obscurité du discours ; l'on n'écrit & l'on ne parle que pour être entendu : les ignorans, à la verité, n'admirent souvent que ce qu'ils ne comprennent pas ; les gens de goût & sensez veulent des choses hardies, singulieres & sublimes : mais ils aiment tellement le vray qu'il ne faut pas le leur presenter, quand il ne paroît pas vray-semblable : c'est donc cette aimable verité qu'il faut que l'étude nous apprenne à connoître, & c'est dans les Chefs-d'œuvre des Anciens que l'on doit puiser le goût qui nous doit servir de flambeau pour la bien voir, la choisir & la bien disposer.

Il faut se dire, par exemple, à soy-même, de quelle maniere Michel-Ange a-t'il disposé ses attitudes pour leur donner du grand & presenter de belles parties aux yeux ? Se remplir l'idée de son goût fier & terrible, s'en échauffer l'imagination, en tirer des principes ; examiner avec quelle sagesse Raphaël a rendu les beautez de la Nature ; comment il s'est élevé au sublime par la simplicité même, & prendre garde en voulant l'imiter que, quoyque le sublime soit presque toujours simple, le simple n'est pas toujours sublime : imiter le choix, la naïveté de ses expressions, de ses gestes & de ses attitudes ; mais éviter ses contrastes trop violents & trop affectez qui, bien loin de jetter du feu dans un ouvrage, en marquant le peu de génie du Peintre qui se violente pour s'animer, répandent par tout une froideur bizarre qui rebute les yeux & répugne au bon sens : enfin, en imitant l'abeille & faisant son profit de tout, tâcher de démêler ce qui fait que le Titien étonne, trompe & ravit par le charme de son coloris & par l'imitation seule des objets de la Nature ou par le secours de l'Art, ou en joignant les deux ensemble; tâcher de pénétrer l'artifice de son harmonie & de suivre les traces qu'il nous a laissées pour arriver au même but; car enfin ce grand homme a fait voir que l'Art du Peintre est de sentir les beautez de la Nature, les bien choisir, sçavoir ce qu'il faut négliger & ce qu'il faut exprimer vivement, & faire valoir ingénieusement une chose par une autre.

C'est ainsi que par une étude sagement conduite, on pourra se rendre propres les beautez des Anciens sans les suivre servilement. On peut même par l'effort d'un heureux génie, & guidé par les beautez de la Nature, se hazarder à faire quelque pas en avant. *Chi segue sempre mai va avanti*, disoit le grand Michel-Ange.

Mais avant que d'entrer dans cette carriere qui doit conduire le Peintre à la perfection de son Art, il faut supposer pour fondement une faculté de bien exprimer par des traits ou par des couleurs tous les objets visibles de la Nature. Cela regarde l'habitude du dessein, la Perspective, l'imitation des couleurs & le maniement du pinceau; ce qu'il faut cependant former sur de bons principes, de peur qu'une mauvaise pratique ne devienne trop difficile à déraciner: car dans la foule innombrable d'Etudians qui semblent inonder les Ecoles, on voit regner une routine si pernicieuse & si semblable, qu'on croiroit que dans la soif qu'ils ont de devenir Peintres, ils boivent tous dans le même vaisseau, sans prendre garde si l'eau qu'il renferme est assez pure pour étancher leur soif, ou si le vase qui leur sert n'a point été corrompu par quelque mauvaise liqueur.

Vingtiéme & vingt-uniéme vers de l'Epitre. *Tel rempli de l'Auteur, dont il est amoureux,*
Ne sçauroit supporter que ce qui luy ressemble.

LA passion que l'on a pour de certains Ouvrages à l'exclusion de tous les autres, est un mal dont on a peine à se défendre; cette prévention est souvent causée par l'éducation, & s'entretient par l'habitude : quelquefois elle vient des bornes trop étroites de l'esprit de ceux qui n'étant capables de s'attacher qu'au seul objet qu'on leur a fait aimer, ne daignent pas même jetter leurs regards sur ceux qui leur sont étrangers.

Elle vient aussi, sans qu'on s'en apperçoive, de l'amitié personnelle que l'on a pour les Auteurs & de l'amour propre que l'on a pour soy-même : car beaucoup de gens ne pouvant se distinguer par leurs propres talents, cherchent à se donner un relief dans le monde par la réputation de leurs amis. Alors pour se flatter eux-mêmes, ils embrassent avec tant de chaleur le parti de ceux qu'ils affectionnent, qu'ils cherchent à détruire tout ce qu'ils croyent qui peut s'opposer à leur gloire ; ceux même qui la peuvent partager, leur deviennent odieux. Ainsi se forment les cabales. On se cantonne dans le Parterre, on y place des admirateurs pour ses amis, & des censeurs contre les autres, & l'injustice audacieuse usurpe souvent avec empire, la place même de la raison.

Les temps passez ont été comme les nôtres, sujets à ces desordres ; on a vû par la cabale des Florentins, & par celle des Professeurs de l'Art même, Michel-Ange mis pour la Peinture fort au-dessus du Corége,

du

du Titien & de Raphaël même, & les plus fameux Ecrivains l'ont honoré préférablement aux autres, du nom de Peintre divin. Le temps a rendu juſtice à tous ſes grands talens pour la Sculpture & l'Architecture, auſſi-bien que pour la Peinture dans laquelle il étoit fort inferieur à ceux ſur qui on luy donnoit la préference. N'a-t'on pas vû dans Rome même le Chevalier Joſepin l'emporter pendant un temps ſur Annibal Carache, qui malgré la ſimplicité de ſes mœurs, & cette modeſtie qui luy étoit naturelle, ne laiſſoit pas d'être ſouvent piqué du faſte ambitieux de Joſepin, & des honneurs qu'on rendoit au Chevalier préférablement au grand Peintre. Ainſi dans tous les ſiecles & dans tous les beaux Arts les plus grands Hommes ont eſſuyé de triſtes préferences ou d'odieuſes comparaiſons.

Ceux dont les grands talens ont été accompagnez d'une loüable pudeur, n'ont pas toujours été les plus loüez : leur merite trop importun a ſçû leur attirer les fureurs de l'envie, & leur ſimplicité déniiée de l'artifice du manége, ne s'eſt pas miſe en peine d'en repouſſer les traits.

Le Dominicain a été obligé de quitter Rome & Naples pour y avoir fait des Ouvrages trop éclatans. Quelle deſtinée ; travailler pour ne ſe faire que des ennemis! Son fameux Tableau de S. Jerôme de la Charité, que l'on regarde à preſent comme un des plus beaux Tableaux du monde, l'a rendu la victime d'une injuſte cabale faite par un Cardinal qui protégeoit d'autres Peintres : il n'y avoit dans Rome qu'une voix pour décrier ce Chef-d'œuvre au moment qu'il parut, tant il eſt vray que beaucoup de gens courent aprés les sentimens des autres, & croyent ce qu'ils entendent dire, plutôt que ce qui est. Je me souviens que le Cavalier Bernin m'a dit dans ma jeunesse en voyant ce Tableau, qu'il demandoit pardon à Dieu de n'avoir jamais osé dans ce temps-là, dire ce qu'il en pensoit, de peur de se broüiller avec ce grand Seigneur, qui étoit de ses amis. Qu'il est difficile d'arracher de l'esprit une opinion que la passion y a fait naître, sur tout quand le temps en a fait croître les racines ? L'on a vû dans l'Italie le goût du Caravage être si fort à la mode, que tout ce qui ne luy ressembloit point par la noirceur des ombres exagerées, n'étoit point estimé.

Annibal Carache indigné de cette fantaisie, voyant bien qu'elle ne se soutenoit que par le charme de la „ nouveauté, dit un jour à ses Disciples : Vous voyez „ combien la maniere du Caravage est à la mode par l'e„ xageration de ses ombres outrées ; si quelqu'un s'avi„ soit de prendre le contre-pied, & d'inventer une ma„ niere aussi claire & aussi vague que celle-là est obscu„ re, je croy que le même charme de la nouveauté la fe„ roit réüssir. Le Guide qui l'écoutoit, & qui suivoit dans ce temps-là le goût du Caravage, profita de l'avis, changea de stile, & s'y abandonna tellement pour plaire, qu'il affoiblit son goût à un tel point qu'il a fait tort à beaucoup de ceux qui l'ont voulu imiter. Qu'un modéle qui a des défauts à prendre, est dangereux pour ceux qui veulent se former sur luy ! On pourroit par la comparaison des Ouvrages où ces excés vicieux sont étalez, établir un milieu raisonnable. L'un, pour avoir voulu donner de la force, est tombé dans le noir ; l'autre, pour avoir voulu donner dans le clair, est tombé dans le fade : ainsi souvent en voulant outrer ce qui peut être bon, on tombe dans le défaut qui luy est opposé.

Le Georgion & le Corége sont les vrais modéles que l'on doit suivre en cela : l'on y voit le relief & la force joints avec la douceur, & le vray s'y découvre par tout.

Cependant ce que j'avance du Caravage & du Guide, ne doit point diminuer l'estime qu'ils ont d'ailleurs si dignement meritée ; je reproche seulement au Caravage de s'être laissé trop emporter à cette maniere forte, ou pour mieux dire trop noire, qui n'étoit pas toujours convenable au sujet qu'il peignoit : car chacun sçait que pour voir la Nature ainsi qu'il la vouloit rendre, il avoit fait noircir les murs de son Cabinet, afin que les ombres du naturel privées de reflects, eussent cette noirceur dont ses amateurs & luy étoient si passionnez : s'il n'avoit jamais représenté que des sujets de Prisons, d'Antres ou de Cavernes, il eût été d'une grande perfection ; mais ce qui est excellent dans un lieu, ne convient pas à un autre : le tout dépend de mettre chaque chose à sa place, & de varier de stile & de maniere selon les sujets & les lieux.

Ce que je reproche aussi de trop foible à la maniere du Guide, directement opposée à celle du Caravage, n'empêche pas que je n'admire la beauté de son pinceau leger, facile & spirituel ; que je ne sois enchanté de ses divins airs de têtes, des graces qu'il répandoit par tout, & de son grand goût de drapper.

Je ne prétends donc combattre icy que ces entêtemens outrez qui font épouser avec chaleur les partis éloignez de la raison ou de l'équité : l'on a vû méprifer, pour ainfi dire, tout ce qui n'étoit point Pouffin: l'Albane a eu fon tour: les Rubens, les Wandeics, les Baffans étoient profcrits : enfuite malgré toutes les rares beautez qui s'y trouvent, les Rubens ont chaffé les Pouffins : les Rimbrants ont été les feuls modéles que l'on a tâché d'imiter : tout a changé de face, & les loüanges que l'on a donné fucceffivement à tous ces Maîtres refpectables, ont toujours été fans referve, & aux dépens de ceux qui ne fe trouvoient plus en grace. Il feroit cependant plus raifonnable & plus utile d'eftimer tout ce qui eft beau, fans aveuglement pour ce qui eft défectueux ; car, pour prouver ce que j'avance, n'eft-il pas vray qu'un Tableau peint par le Pouffin fur un trait fimple & fidéle du Rimbrant, feroit un affez mauvais ouvrage ; & qu'un autre peint par le Rimbrant fur le deffein exact & fçavant du Pouffin, feroit un Tableau admirable, fur tout fi en le peignant, il y avoit employé l'artifice de fon clair-obfcur ?

Trente-un. & trentedeuxiéme vers de l'Epitre.

Confultez le Public, & fuyez les flatteurs,
De vos plus grands défauts lâches admirateurs.

ON ne peut, ce me femble, trop imiter l'exemple d'Apelles, qui expofant fes Tableaux publiquement, fe cachoit pour écouter les fentimens du public & pour en profiter : il fe cachoit afin que les jugemens fuffent plus libres & plus naturels ; car quel moyen de démêler la verité, quand au milieu d'une foule à qui on a donné fon ouvrage en fpectacle, on s'y donne en même temps foy-même ; & qu'entouré de Partifans choifis, par une vanité ouverte & déclarée, ou une humilité suspecte, on arrache ou l'on mandie des applaudissemens, lorsque l'on a peut-être besoin de critiques salutaires ? On ne s'apperçoit pas que la gloire la mieux meritée cesse de l'être, quand elle est trop recherchée.

Si nos Ouvrages sont bons, tôt ou tard on leur rendra justice sans qu'il nous en coûte des sollicitations. S'ils sont mauvais ou défectueux, songeons plutôt à nous corriger, qu'à nous défendre.

Nous avons beau nous flatter d'être approuvez d'un petit nombre de prétendus connoisseurs, si nous ne sçavons piquer le goût general des hommes, nos travaux seront infructueux. Le Public est toujours le plus fort ; & comme il est notre Juge, c'est luy que nous devons consulter. Si quelquefois la cabale & l'envie luy font prendre le faux pour le vray, ce n'est jamais que pour un temps, & la verité perce toujours.

Le plus seur moyen de luy plaire, c'est de ne luy présenter jamais que le vray. On a beau étaler son éloquence & celle de ses partisans pour soutenir ce qui s'en écarte sous de prétendus mysteres de l'Art ; tout ce qui s'éloignera de la nature & de la verité, n'abusera pas long-temps les hommes.

Celuy qui la mettra le plus naïvement au jour, remportera toujours le prix, peut-être même par la grace de la nouveauté. Car les choses qui paroissent les plus singulieres, sont souvent les plus simples, & toujours celles que l'excellence du goût & la naïveté du génie ont puisé & saisi dans la nature même.

L'imitation plaît generalement aux hommes, puisque dans les moindres objets exactement imitez, elle fait toujours son effet. On ne la peut trop rechercher dans les grandes choses : il n'y a que les demi-sçavans prévenus, ou les Peintres gâtez par la routine, qui n'y soient pas sensibles.

Les petits Tableaux des Flamands & des Hollandois sont bien recommandables par cette partie, & je suis quelquefois fâché que l'on les bannisse entierement des Cabinets où l'on rassemble les Tableaux des anciens Maîtres d'Italie : je sçay qu'il manque aux premiers le choix, la noblesse & l'élevation qui se trouve dans les derniers ; mais dans les sujets qui leur conviennent, ils sont quelquefois parfaits, même par la naïveté des expressions.

Le Calfe, dans les objets qu'il a imitez d'aprés nature, me paroît parler le langage de la Peinture aussi-bien que le Georgion & le Titien, avec la difference, qu'il ne sçait pas dire d'aussi grandes choses que ces grands Maîtres de l'Art.

Il faut convenir que tout est imitation dans la Peinture. L'on imite avec des traits & des couleurs ce que l'on voit devant les yeux, ou l'on imite ce que les idées du génie ont tracé dans l'imagination. Aristote dit que les Peintres, aussi-bien que les Poëtes, faisoient dans leur imitation les hommes ou meilleurs par rapport à nous, ou plus méchans ou semblables : en effet, ajoute-t'il, Polignotus peignoit les hommes meilleurs, Pauson les peignoit plus méchans, & Denis les faisoit semblables. Par peindre les hommes meilleurs, il entendoit apparemment ce qu'Elien a confirmé en parlant de Polignotus, lorsqu'il dit qu'il peignoit toujours de grands sujets, & qu'il visoit à la perfection ; que Denis l'imitoit en tout, à la grandeur près. Ils vivoient tous deux du temps de Xerxés, de Sophocle & de Socrate.

Aristote a dit qu'Homere a fait les hommes meilleurs. Nous avons de même pû dire de nos jours que Corneille dans ses Tragédies avoit fait les hommes meilleurs, & que Racine les avoit fait semblables.

Michel-Ange & Raphaël ont peint les hommes meilleurs par la grandeur de leur goût & l'élevation de leurs idées.

Le Titien les a fait semblables.

Les Flamands & les Hollandois les ont fait plus méchans; c'est-à-dire par la bassesse des sujets & leur petit goût de dessein.

Je ne sçay si je m'étends trop dans cette remarque sur ce qui regarde l'imitation; mais ayant dessein de persuader que l'on doit consulter le Public, je me laisse entraîner volontiers à parler de ce qui le touche. Si les hommes sont sensibles aux charmes de l'imitation, il s'ensuit qu'ils le sont aux caractéres & aux passions; vous devez donc fortement vous y attacher, & consulter dans les yeux du Public l'effet que vous aurez voulu produire. L'Histoire des deux Tableaux du Guide & du Dominicain faits en concurrence à Saint Gregoire de Rome, pourront peut-être vous le persuader.

Quand ces deux Ouvrages furent découverts au Public, tout Rome courut pour les voir, comme un duel de deux rares génies, different de celuy d'Apelles & de Protogéne qui ne combattoient que pour la finesse d'une ligne bien proprement tirée; car ceux-cy combattoient pour toutes les parties de la Peinture.

Les suffrages que le Guide avoit pris soin de ramasser, joints aux graces de son pinceau, effaçoient dans l'esprit de beaucoup de gens les beautez solides de l'ouvrage du Dominicain : cela formoit des disputes, ainsi qu'il arrive toujours en pareille occasion ; mais Annibal Carache, parmi tant de discours differens, dit qu'il avoit appris à juger de ces deux Ouvrages par l'effet qu'ils avoient produit sur une bonne vieille qui, regardant la flagellation de S. André peinte par le Dominicain, faisoit remarquer à une jeune fille qu'elle tenoit par la main, tout ce qui la touchoit naturellement : „ Voyez, luy disoit-elle, avec quelle fureur ces „ bourreaux lévent le bras pour flageller ce Saint : re„ marquez, mon enfant, avec quelle rage cet autre le „ menace du doigt ; regardez avec quelle force celuy-cy „ luy serre les pieds avec des cordes ; admirez la cons„ tance avec laquelle ce venerable vieillard souffre tant „ de maux, & avec quelle foy il regarde le Ciel. En disant cela, la bonne femme répandit quelques larmes & soupira ; puis s'étant retournée du côté du Tableau du Guide, regarda, l'entendit, ne dit mot & s'en alla. Annibal voulut enseigner par cet exemple en quoy consiste la perfection de la Peinture, & combien le Dominicain l'emportoit dans ce qui regarde les caractéres & les passions, & l'effet qu'elles doivent faire sur le Public qui se laisse naturellement aller à ce qui le touche.

Cependant la Cabale qui a toujours persecuté le Dominicain, sembloit luy arracher la palme qu'il méritoit & que le temps luy a renduë aprés sa mort ; car non-seulement il a été mis pendant sa vie fort au dessous fous du Guide par beaucoup de gens paſſionnez, mais même comparé aux plus médiocres Peintres qui vivoient avec luy.

Je ne ſçay ſi ceux qui flattoient le Guide de ſa prétenduë victoire, ne luy ont pas fait quelque tort; & ſi cela ne luy a pas trop fait négliger l'étude, & s'abandonner trop à ſon heureuſe facilité: s'il s'étoit caché comme Apelles, il auroit peut-être entendu le diſcours de la Vieille dont il auroit profité, & il auroit cherché à joindre à ſes admirables talents ceux dans leſquels ſon rival luy étoit ſupérieur.

Des grands Maîtres de l'art contemplez les merveilles, *Profitez avec ſoin de leurs ſçavantes veilles.*

Cinquante-trois & cinquante quatriéme vers de l'Epitre.

UN vaſe, dit Horace, conſerve long-temps l'odeur de la premiere liqueur qu'on y a verſé, de même les premieres impreſſions que nous prenons ſont ordinairement celles qui déterminent notre goût.

L'on a plus de peine à ſe dépoüiller des défauts contractez par la mauvaiſe habitude, qu'à acquerir de grandes perfections: Et comme l'on ne ſçauroit arriver à ces perfections ſans être exempt des défauts oppoſez, il faut bien ſe garder de s'arrêter à boire à des ruiſſeaux bourbeux ou empoiſonnez, quand on peut aller tout d'un coup à une ſource pure & ſalutaire.

Annibal Carache ſe promenant à Rome à S. Pietro-Montorio, où eſt le Tableau de la Transfiguration de Raphaël, vit en paſſant un jeune homme qui, au pied de la montagne, copioit avec ſoin certaines Peintures mediocres, qui y ſont faites ſur les murailles par

Gio-Battista della Marca, & quelques autres ; Annibal voyant ce jeune homme, luy dit ; Mon enfant, ne vous arrêtez pas si bas, montez tout d'un coup au sommet de la montagne, (voulant dire où est le Tableau de Raphaël.) Le jeune homme simple luy répondit : Je veux auparavant me dégourdir. Tu t'engourdiras bien pluftôt, repliqua le Carache. L'on ne sçauroit donc trop-tôt se former sur les meilleurs modéles : c'est avoir fait la moitié du chemin que d'avoir bien commencé.

Un génie élevé doit avoir la noble émulation de tâcher d'égaler les plus grands Hommes de l'Antiquité ; & c'est un grand avantage pour nous qu'ils nous ayent tracez les chemins par lesquels on peut arriver jusqu'à eux : sçachons donc profiter du bonheur de pouvoir recueillir nous-mêmes le fruit de leurs travaux.

Il n'est pas possible que dans le nombre des grands Peintres que la posterité a consacrez, il ne s'en trouve quelqu'un que l'on se propose pour exemple, & qui donne dans notre goût préférablement aux autres : on peut même se laisser entraîner à ce penchant. Tel conduit par son génie peut s'avancer dans un chemin qui s'égareroit dans un autre. Il faut éviter l'incertitude de ces esprits inquiets qui ne sçavent où s'arrêter : ils ressemblent à ceux qui se trouvent dans un vaisseau agité par les vents, que les vagues portent tantôt d'un côté, tantôt d'un autre, & qui ne sçachant à quel port aborder, errent toujours éloignez du rivage : on peut donc se déterminer à suivre la maniere d'un Maître, pluftôt que celle d'un autre, & même consulter en cela l'étenduë de son génie : si l'héroïque & le grand font au-dessus de vos forces, distinguez-vous par une autre voye.

Choisissez toujours des matieres, dit Horace, qui ne soient pas au-dessus de vous, & examinez long-temps ce que vos épaules peuvent, ou ne peuvent pas porter.

En effet, on peut avoir d'excellentes dispositions pour une chose, & n'en avoir aucune pour une autre. Il ne faut pas se flatter d'entonner la trompette, pour avoir joué passablement du chalumeau. Consultez donc vos forces, aussi-bien que votre génie, en choisissant un modéle qui vous soit convenable & proportionné : mais tel qu'il puisse être ne vous en passionnez pas assez pour le suivre exactement jusques dans ses défauts.

N'imitez pas l'erreur de ces amants aveugles qui trouvent des charmes surprenans, même dans les défauts de leurs Maîtresses ; car la passion embellit les choses les plus défectueuses.

La derniere maniere du Guide est trop grise & manque de relief : la passion répondra ; c'est qu'elle est vague.

Le goût de dessiner de Rubens est trop mol, & donne, s'il est permis de le dire, fort dans la tripe : c'est qu'il faisoit de la chair.

Le Dominicain est quelquefois sec : c'est qu'il est correct.

Jule Romain est le plus souvent dur & tiré : c'est-là ce qu'on appelle la sévérité du dessein.

Le Poussin donnoit dans la pierre & dans le gris outré ; c'est qu'il imitoit l'Antique.

L'inégal Tintoret a comme extrapaſſé la plûpart de ſes Ouvrages, & les a tous peu travaillez: ce ſont là les coups de Maîtres & les grands traits de pinceau.

C'eſt ainſi que parle toujours l'aveugle paſſion pour embellir l'erreur qui la ſéduit; mais la raiſon équitable convenant des défauts qui ſe trouvent ſouvent dans ces grands Hommes, rendra juſtice aux ſublimes beautez que l'on y doit admirer: elle nous propoſera d'imiter les divins airs de tête, la grace, la nobleſſe, le pinceau, le grand goût de drapper du Guide; le prodigieux génie de Rubens; ſon coloris, quand il n'eſt point trop outré; l'abondance de ſes idées, l'ame qu'il a répanduë dans ſes Ouvrages, la vivacité de ſes expreſſions que l'on peut annoblir, l'artifice de ſon clair-obſcur, quand il ſe trouve d'accord avec la verité: enfin l'effet & l'harmonie de tous ſes grands Ouvrages.

Julë Romain ſera admiré par la grandeur & l'élevation de ſes nobles idées, par l'imagination & la Poëſie qu'il a répanduë dans ſes Ouvrages, pour avoir ſçû rendre la grandeur & la magnificence des Anciens.

Le Pouſſin, par l'élegance & la juſteſſe de ſon deſſein, par cette ſage & noble convenance qu'il a jettée dans les ſujets qu'il a traitez, par la juſteſſe, la nobleſſe & la fineſſe de ſes expreſſions, par les mœurs & les coutûmes des Anciens, par ce caractere enfin de Cantique qui éleve l'ame, charme le cœur & l'eſprit des Sçavans.

Le Tintoret, par le beau feu qui l'entraînoit & l'élevoit ſouvent, par ſon goût de couleur & par la ſingularité de ſes idées.

C'eſt ainſi que, dépoüillé de prévention, l'on pourra sur les grands Maîtres tirer des principes certains de son art, sans cependant les imiter servilement.

Gardez-vous, pour parler après Horace, de ressembler à ces gens addonnez à la servitude, qui ont bien peu de courage s'ils n'osent jamais rien entreprendre d'eux-mêmes, ou beaucoup de témérité s'ils prétendent toujours de mieux faire ce que d'autres ont fait avant eux.

Le sûr moyen de parvenir à la perfection de l'Art, c'est de chercher dans les Anciens les veritables regles que l'on doit suivre. L'on ne peut faire la découverte des terres inconnuës qu'après avoir passé par celles qui sont déja connuës. Il est impossible qu'en prenant un chemin contraire à celuy que les Anciens ont établi, & guidé par son propre génie, on ne s'égare au milieu des ténébres. C'est en vain que l'on veut se flatter que les talents naissent absolument avec nous, que rien ne s'apprend dans les beaux Arts, que la Nature seule produit les plus beaux Ouvrages, & que sans se faire de modéles, il suffit de suivre une certaine force ou faculté que nous avons dans l'ame, que nous appellons idée; cette idée est bonne ou médiocre: si elle est veritablement bonne, n'est-il pas à propos de chercher à l'embellir encore, de l'orner, de l'éclairer par la contemplation des idées sublimes de ceux que la posterité a consacrez, & que nous devons naturellement présumer être au-dessus des nôtres?

<small>Onze & douzième vers de l'Épitre.</small> *Quelques-uns revêtus du nom de Connoisseurs, Arbitres ignorans, s'érigent en Censeurs.*

MEgabise Prêtre de Diane d'Ephese, étant avec Alexandre chez Apelles, vantoit avec excés un Ouvrage de Peinture fort médiocre ou mauvais, & en blâmoit d'autres, qui méritoient de grandes loüanges. Les Ecoliers du Peintre, & même ceux qui broyoient ses couleurs, rioient entr'eux des décisions témeraires du grand Seigneur, ce qui fit qu'Apelles prit la liberté de luy dire : Pendant que vous gardiez le silence, ces jeunes Ecoliers admiroient la magnificence de vos vêtements, & l'or & la pourpre que l'on y voit briller leur imposoit ; mais dés que vous avez voulu décider sur un Art sur lequel vous n'avez aucune connoissance, ils ont perdu le respect qu'ils vous doivent, & rient entr'eux de vos décisions. Cette avanture n'a pas corrigé beaucoup de gens. Il semble même que la race des Megabises soit venuë jusqu'à nous. Cet air de décision téméraire, enfant de la vanité semble être sur tout affecté aux jeunes gens qui croyent par-là se distinguer ; car ils cherchent d'ordinaire à établir leur réputation, en attaquant les choses les plus respectables & les personnes les plus illustres.

A peine un Ouvrage est-il né, qu'ils le condamnent à périr, & répétant mal-à-propos quelques termes de l'Art, dont ils se sont fait un jargon fade & bizarre, ils prononcent avec une autorité railleuse, l'arrêt décisif contre l'Auteur qu'ils veulent perdre. Le beau Sexe, dont le parti n'est que trop redoutable en France, décide souvent sur la foy de ces juges importans: enfin la pluralité des voix l'emporte: c'en est fait, l'Ouvrage & l'Auteur vont échoüer ensemble, quelqu'excelléns qu'ils puissent être: que s'il arrive par hazard que quelqu'un soit assez audacieux pour oser préférer le party de la raison à celuy de leur bizarre prévention, il est tourné en ridicule, & méprisé d'une commune voix dans les mêmes sociétez où ces redoutables Censeurs s'applaudissent à l'envy.

Plusieurs personnes croyent se donner du relief & passer pour grands connoisseurs, quand sans paroître émûs des grandes beautez d'un Ouvrage, après un silence morne & desobligeant, ils commencent froidement par en éplucher les défauts, ou du moins ce qui leur paroît tel. Ces manieres affectées ne seroient-elles point un effet de leur ignorance plustôt que de leur capacité ? N'est-ce point par un esprit de vanité que ceux qui sont les moins éclairez, pour donner une fausse idée de leur connoissance, affectent d'être plus difficiles à contenter que les autres ? Ils ressemblent à ceux qui croyent voir des taches dans le Soleil même dans le temps que leurs foibles regards ne peuvent soûtenir l'éclat de sa lumiere: la vanité trompe ces sortes de gens. Il en est d'un ignorant qui veut faire le capable, comme du faste d'un homme de rien, que la calamité publique & l'aveugle fortune ont bizarrement élevé: son orgueil rebuttant fait qu'on s'attache avec plaisir à démêler son origine: de même ces Censeurs affectez font ordinairement le contraire de ce qu'ils veulent faire; & pour vouloir paroître trop sçavans, ils découvrent leur ignorance:

ils ne sçavent pas qu'il est des défauts dans les plus beaux Ouvrages dont les plus ignorants peuvent s'appercevoir ; mais que les grandes beautez ne sont pas à la portée du peuple grossier ; qu'il faut pour les sentir, un discernement exquis, un goût & un génie supérieur. L'homme de goût est tellement frappé du beau, qu'il n'apperçoit les défauts qui s'y glissent quelquefois, que long-temps après qu'il est revenu, pour ainsi dire, de son extase.

Il y a de certains défauts, dit Horace, que l'on pardonne sans peine ; car une corde d'un instrument ne rend pas toujours le son que demande celuy qui jouë, & le meilleur tireur du monde ne donne pas toujours dans le but. Quand les beautez l'emportent de beaucoup dans un Ouvrage, je ne seray point choqué d'y voir certaines taches qui viennent où d'une negligence pardonnable, ou de l'infirmité qui est si naturelle aux hommes.

Il y a des Tableaux presqu'exempts de défauts, justes par les mesures & les proportions, réguliers par les plans, où la perspective est exactement observée, même sans erreur sur la justesse des lumieres & des ombres ; peints avec agrément ; mais tellement dénuez de ce feu divin qui doit animer tous les Arts, qu'ils coûtent autant de peine à être regardez qu'ils paroissent en avoir coûté à être produits. On en voit d'autres pleins d'irrégularitez & de licences, propres enfin à exercer agréablement ceux pour qui la plus sévére critique a des douceurs charmantes, qui, malgré leurs défauts, frappent, remuënt, étonnent.

Il en est de même du sublime, dit Longin, que d'une

d'une richesse immense, où l'on ne peut pas prendre garde à tout de si près, & où il faut, malgré qu'on en ait, negliger quelque chose. Au contraire, il est presque impossible pour l'ordinaire qu'un esprit bas & mediocre fasse des fautes; car comme il ne se hazarde & ne s'éleve jamais, il demeure toujours en sûreté; au lieu que le grand de soi-même, & par sa propre grandeur, est glissant & dangereux.

Je crois que pour donner une veritable idée de son bon goût, il faudroit en voyant un Ouvrage, paroître veritablement sensible aux beautez qui s'y trouvent; ensuite, avec la politesse que l'on ne doit jamais abandonner, proposer ses difficultez & ses doutes à l'Auteur dont les Ouvrages sont assez bons pour meriter la critique. C'est ainsi que l'on peut persuader sans chercher à déplaire; & c'est ce que j'ay vû souvent pratiquer à un Prince aussi grand par l'étenduë de son esprit, que par son courage & par sa naissance: qui, n'ayant pas besoin des lumieres d'autruy pour juger, ne décide jamais qu'avec des précautions infinies. Il imite en cela la sagesse du plus grand Roy du monde, qui, lorsqu'il honore quelque Auteur de ses judicieuses critiques, le fait toujours avec tant de bonté, qu'il pénétre le cœur en même temps qu'il éclaire l'esprit.

Quel bonheur pour les Arts, MESSIEURS, que leur Protecteur auprés de ce grand Roy, soit pénétré de ces mêmes maximes! Il anime toujours, & il ne rebute jamais; il sçait que rien n'éleve tant le cœur des grands Hommes, que l'esperance de plaire à leurs Superieurs; que les traitemens gracieux que l'on en reçoit donnent de nouvelles forces, & réveillent en nous ces vifs sentimens de gloire qui nous portent à la noble émulation de nous distinguer & nous élever audessus des autres ; que si on est assez malheureux pour ne pas réüssir faute des talens que la nature donne si rarement, on est assez à plaindre, sans être encore accablé par des marques de mépris.

Que serviroit-il de s'engager aux fatigues de l'étude, si l'on n'envisageoit que des dégoûts, & jamais d'esperance de gloire ? Croyez-vous que ces honneurs qu'Alexandre a faits à Apelles n'ayent pas beaucoup contribué à la perfection de son art ? que les distinctions éclatantes que Raphaël a reçûës de plusieurs Papes, aussi-bien que celles dont le Titien a été honoré par Charles-Quint & par Philippe Second, n'ayent pas animé ces grands génies, pour leur faire produire les chefs-d'œuvres qui les font admirer ? La gloire anime la vertu : les grands Princes font les grands Hommes. On a vû le siecle d'Alexandre & le siecle d'Auguste, comme l'on voit celuy de Louis le Grand ; & il ne seroit pas difficile de prouver que le grand Monarque, sous qui nous avons le bonheur de vivre, a pour ainsi dire, fait naître ou formé la plus grande partie des Hommes illustres qui ont fait l'ornement de son regne.

Soixante-neuviéme vers de l'Epitre.

On y voit du Pinceau les plus grands avantages.

Peu de gens ont une idée bien juste de ce qu'on appelle le Pinceau, ni même de ce qu'on appelle Peintre. Il suffit presque d'employer des couleurs & des pinceaux pour usurper ce nom ; & par-là l'on confond tous les jours les Peintres les plus fameux avec les plus vils artisans.

Le Peintre est celuy qui se sert avec art de certains moyens pour representer au naturel quelque sujet que ce puisse être, soit qu'il existe, ou qu'il n'existe pas.

Tout ce qui imite la nature s'appelle Peinture. On dit tous les jours : Homere & Virgile sont de grands Peintres ; quelles images n'ont-ils pas faites ? On dit ; Moliere a tellement sçû peindre le caractere des hommes, que beaucoup de gens à qui il n'avoit jamais pensé, ont pris pour leurs portraits particuliers ceux qu'il avoit peints d'aprés la nature en general ; & tels ont fuï ses spectacles, pour s'épargner le déplaisir secret qu'excitoient en eux les vives Peintures des défauts qu'ils connoissoient avoir, & qu'ils avoient eu le malheur de trop chérir.

La Peinture est donc une imitation : mais afin qu'une chose puisse être appellée imitation, on doit y voir en même temps quatre choses differentes ; c'est-à-dire, ce qui imite, ce qui est imité, l'instrument ou le moyen qu'on y employe, & la maniere dont on l'employe.

Ce qui imite, c'est l'art du Peintre : ce qui est imité, c'est la nature même : l'instrument ou le moyen, c'est le pinceau : & la maniere dont on l'employe, est une habitude de la main facile, agréable & légere.

Cette habitude de la main que l'on appelle parmy les Peintres, le pinceau, s'acquiert par la pratique ; mais quand cette pratique est dénuée de la partie de l'esprit, elle est assez commune, & souvent plus pernicieuse qu'utile.

Il en est de cette facilité comme des richesses qui ne sont considerables qu'entre les mains des gens sages.

qui sçavent s'en servir à propos. Il est une facilité de pinceau qui n'est pas toujours la marque d'un profond sçavoir ; car la tête d'un homme qui sçait, arrête souvent sa main ; & quand on veut avoir égard à la perfection de la forme, à la finesse des caracteres, au relief & à l'exacte verité du coloris : vous le sçavez, Messieurs, on retouche plus d'une fois le même endroit, & l'esprit ne se contente pas toujours de ce que la main a executé avec trop de facilité.

Non-seulement on travaille avec promptitude, parce que l'on n'en sçait pas assez pour travailler plus lentement ; mais on a souvent envie d'aller vîte par un miserable principe d'interest ; car l'avarice contribuë toujours à détruire les plus beaux Arts : c'est elle qui fait courir aprés les biens plutôt qu'aprés la gloire, & qui faisant abandonner le soin de bien faire, à l'envie de faire beaucoup, fait souvent quitter les études les plus sérieuses du cabinet, pour briguer dans des antichambres par des intrigues basses, quelquefois injustes, des travaux que l'on veut ravir aux autres, en cherchant à s'accabler de plus de fardeaux que l'on n'en peut porter.

Il est permis de chercher des occasions de mettre au jour ses talens ; mais il faut que ce soit par des voyes nobles, & en conservant les égards que l'on doit avoir pour les autres & pour soy-même : se mesurer selon ses forces.

Il est difficile de se distinguer dans les beaux Arts si l'on ne ressent dans son ame une certaine élevation qui porte à chercher la veritable gloire : & quand on a pour objet de contenter les Sçavans sans déplaire aux ignorans, qu'on veut acquerir un nom ou même le soutenir, quand on veut enfin en combattant les traits de l'envie, marcher avec éclat à la posterité ; vous le sçavez, MESSIEURS, il en coûte des soins & des veilles pour travailler ses Ouvrages, & l'on est rarement content soy-même de ce qui satisfait quelquefois les autres. C'est ce qui faisoit dire à Zeuxis : Je travaille beaucoup ce que je peins, parce que je peins pour la posterité : *Ego diu pingo, quia pingo æternitati.* Ceux qui croyent n'avoir plus rien à apprendre, sont ordinairement les moins sçavans ; car plus un homme est habile, plus il connoît l'étenduë de son Art, & par consequent la difficulté d'y réüssir, & c'est cette difficulté qui retient la frivole rapidité de la main : cependant on a vû des Peintres à qui ce talent tenoit lieu de sçavoir, ébloüir bien des gens, qui sur la foy des autres se récrioient par prévention sur des Ouvrages qui dans le fond du cœur n'auroient jamais sçû les toucher, s'ils s'étoient laissez aller aux lumieres naturelles que donne le sens commun. Vous en voyez d'autres admirer dans des Ouvrages faits à la hâte, ce qu'ils appellent des traits hardis, qui sont des coups de pinceau jettez hardiment à la verité, mais sechement tirez, qui ne vont jamais à l'effet, & qui conviennent plutôt à des Maîtres à écrire, qu'à des Peintres qui doivent avoir pour objet l'imitation de la nature, & pour but l'art de tromper les yeux.

Les Peintres qui affectent ces sortes de traits hardis, & qui font consister en cela la beauté de leur execution, ressemblent à ces gens hardis qui se presentent, & se font jour par tout, sans avoir égard aux bien-séances : ils sont en peinture, comme sont dans les conversations ces fatiguans diseurs de grands mots qui ne veulent rien dire, & qui souvent dans les disputes opposent la force de leur organe à la force de la raison. C'est ainsi qu'un torrent orageux étonne, surprend même par ce qu'il a d'affreux, mais il ne dure guéres. Un fleuve fait moins de bruit, mais il coule toujours agréablement, & fait long-temps plaisir à voir.

Il faut qu'une chose soit bien pensée pour être bien dite; avant donc que d'écrire, apprenez à penser, dit M. Despreaux. On peut dire de même; avant donc que de peindre, apprenez à penser: quand l'on pense bien, les paroles viennent d'elles-mêmes se placer; alors, plus l'on s'échauffe à parler, plus on diroit qu'il vient d'esprit, de sentiment, & de ce je ne sçay quoy de naïf qui semble s'attacher aux paroles. Il en est de même de la maniere de peindre, qui est proprement la parole du Peintre: le pinceau court, & place vivement ses couleurs selon que le Peintre sçait penser, & que les idées sont plus ou moins nettes dans son esprit.

C'est donc en pensant avec justesse que l'on doit commencer son ouvrage; & c'est en pensant encore plus vivement que l'on doit l'achever. Il faut que l'esprit commence, que le jugement continuë, & que l'esprit jette encore le feu qui acheve, & donne ce qu'on appelle la derniere main à l'ouvrage: mais ce point de perfection, si difficile à trouver en toutes choses, ne se rencontre pas aisément par les voyes trop abregées.

Nous avons vû, dit Petrone, la Peinture décliner peu à peu, depuis que les Egyptiens ont été assez hardis pour entreprendre de l'enseigner par une méthode plus courte & plus aisée que celle de Zeuxis & d'Apelles.

C'est donc une vanité puérile que celle de se piquer d'aller plus vîte qu'un autre : le temps ne fait rien à l'affaire, dit Moliere. Annibal Carache pensoit aussi de même. Un jour Sixto Badalochi ayant fait un Tableau en concurrence avec le Dominicain, se vantoit de l'avoir fait en peu de temps, pendant que le Dominicain avoit passé au sien plusieurs mois : Taisez-vous, luy dit Annibal Carache, le Dominicain l'a fait plus promptement que vous, car il l'a bien fait.

Pour bien faire, il ne suffit pas d'aller vîte ; mais pour aller vîte, il suffit de bien faire, dit Quintilien. Je ne prétends pas cependant condamner une heureuse facilité dans l'execution ; mais je dis qu'il ne faut pas faire un ouvrage trop promptement. Hâtez-vous lentement, dit Horace.

J'admire donc la facilité qui vient de la possession des regles, autant que je condamne celle qui vient d'une mauvaise habitude invéterée, qui tend presque toujours à les détruire.

Je sçay qu'il faut prendre garde en voulant éviter un écueil, à ne pas tomber dans un autre ; car si les uns ont une vivacité mal reglée, les autres ont quelquefois une lenteur trop lourde & trop pesante : si les premiers ont besoin d'un frein qui les arrête, les autres ont pour ainsi dire, besoin d'éperon pour les faire avancer. La grande perfection est un milieu entre ces défauts opposez.

S'il faut donc arrêter un excès de facilité qui fait négliger ses ouvrages, il faut animer une lenteur trop exacte qui rend ce que l'on fait triste, froid & languissant.

La plûpart des Peintres, disoit Apelles, ne sçavent pas connoître ce qui est assez.

Quand on sçait bien ce que l'on veut faire, on ne fait point d'ouvrages inutiles; & l'art & le sçavoir s'y font remarquer en mettant chaque chose à sa place avec toute la vivacité d'un génie actif & plein de feu, qui cache par le brillant du pinceau le travail du pinceau même.

Pour les passions douces & les objets gracieux, il n'est point de goût de peindre plus charmant que celuy du Corége : son pinceau tendre & suave paroît couler d'une source vive & pure, conduit par la main des Graces mêmes : il est directement opposé à ce que j'ay déja condamné dans les traits hardis & tirez; on n'y en aperçoit aucun; tout y est moëleux & fondu, même dans les plus grands ouvrages sans qu'il en coûte rien au caractere du dessein; car c'est une erreur de croire que la sévérité du dessein consiste dans la dureté des traits, comme l'on le voit souvent pratiqué dans plusieurs fresques Romaines & Florentines, ni dans l'affectation de trancher ses contours pour se faire paroître exact & grand dessinateur : je crois voir un Docteur faire parade de sa doctrine, ou un riche ambitieux étaler ses richesses. Si le sçavoir le plus profond n'est assaisonné d'un certain art de plaire, il devient sec & ennuyeux, & les richesses des favoris de la fortune nous revoltent souvent, quand ils ne s'en servent que pour faire sentir orgueilleusement leur bonheur par la comparaison de nos infortunes.

Quoyqu'il

Quoyqu'il faille toujours peindre tendrement, & faire perdre avec suavité les lumieres dans les ombres qui les suivent, les passions vives doivent être touchées avec toute la légereté brillante que peuvent fournir la vigueur & la facilité du pinceau ; & cette facilité venant d'une imagination pleine de son sujet, y jettera un feu qui rendra l'Ouvrage plein de vie. Quand l'idée est vivement remplie de son objet, alors la main ne sçauroit exécuter avec trop de rapidité. Il faut promptement saisir le beau feu qui l'anime ; car les objets qui doivent être animez & en mouvement, peints avec trop de langueur, font languir ceux qui les voyent, & coûtent autant de peine à regarder qu'ils en ont coûté à faire.

Il faudroit tâcher de varier sa touche, selon le caractére des objets que l'on veut réprésenter. Les objets doux, polis & luisants, ne doivent pas être peints comme ce qui est brute, rude & grossier : Un certain air de brusquerie de pinceau sied bien en certaines occasions.

Il faut quelquefois que les choses paroissent comme faites au hazard. On peut se ressouvenir icy de ce qui arriva à ce Peintre fameux, qui peignant un cheval dans une action vive, après avoir beaucoup travaillé pour peindre l'écume de sa bouche, ne pouvant y réüssir ni se satisfaire, jetta l'éponge par désespoir ; mais le hazard fit ce que son travail n'avoit pû faire. L'éponge tomba si heureusement, qu'elle fit l'écume telle qu'il l'avoit imaginée. Il faut souvent negliger de certains endroits pour en faire valoir d'autres ; mais dans cet air de brusquerie & de negligence qui doit venir de l'Art ; je le repete encore, il faut éviter les traits durs & coupez. Car on ne sçauroit peindre trop moëleusement. Les Ouvrages de Rimbrant qui paroissent les plus touchez, & même les plus brusquez, sont d'une recherche infinie, & sont peints avec autant de suavité & de rondeur que ceux du Corége, où l'on n'apperçoit aucune touche. Le Giorgion est admirable pour le relief que produit son pinceau. Il ressemble beaucoup pour la fonte à celuy du Corége. Les belles choses que Raphaël a exécutées luy-même, sont, quoiqu'on en veuille dire, dans les mêmes principes. Annibal disoit que le Titien peignoit à charmer, & Raphaël à étonner. Le pinceau de Vandeic est d'une beauté singuliére ; & celuy du Guide, d'une touche agréable & d'une legereté spirituelle qui caractérisent par tout son dessein. Ce n'est donc jamais que l'esprit qui doit faire agir la main. La maniere de peindre, en mettant toujours des couleurs par des touches spirituelles qui caractérisent le dessein & le coloris, me paroît excellente. On peut ainsi détailler tant qu'on veut, conserver la pureté des couleurs, & mettre toujours de l'ame dans son Ouvrage, mais il faut garder un juste milieu dans cette maniére de peindre.

Je rapporteray sur cela ce que dit Vazari en parlant de trois Tableaux que le Titien avoit faits pour Philippe V. & qui sont à presenr dans le Cabinet de son Altesse Royale M. le Duc d'Orleans.

Le Titien, dit-il, peignit une Calisto, & une Diane qui se baignant à une fontaine avec ses Nymphes, change Actéon en cerf.

Il peignit pareillement une Europe qui passe la mer

sur un taureau. Ces Tableaux sont gardez trés-précieusement dans le Cabinet de Sa Majesté Catholique, & admirez pour la vivacité que le Titien a donnée à ses figures par des couleurs qui les font paroître, pour ainsi dire, vivantes & naturelles.

Il est vray, ajoute-t-il, que sa maniere de peindre est fort différente dans ses derniers Ouvrages, de celle qu'il avoit étant plus jeune, parce que les premiers sont exécutez avec un soin & une délicatesse incroyable, qui les rend également agréables vûs de prés, comme de loin ; & les derniers, avec des coups de pinceaux heurtez, & des couleurs moins mêlées, de manière qu'ils ne font pas le même plaisir quand on s'en approche, que lors qu'on s'en éloigne : & cette dernière manière de peindre qui venoit de son grand âge, est cause que beaucoup de Peintres ayant voulu l'imiter, & faire parade d'une grande pratique, ont fait des Ouvrages de peu de valeur ; & cela, parce qu'en s'imaginant mal à propos que ses derniers Tableaux ont été faits sans soin & sans peine, ils se sont trompez lourdement, parce qu'on connoît en les examinant bien, que le Titien les a fort travaillez.

Le parfait achevement est donc de faire paroître tout ce qui est dans la nature, avec une intelligence sçavante & agréable. Car ce n'est pas finir, qu'adoucir & lêcher avec affectation & froideur. Ces sortes d'Ouvrages que le vulgaire appelle finis, ne sont proprement que des ébauches quand le relief, l'effet & l'ame ne s'y rencontrent pas. Pour leur donner la derniere main, il faut pour ainsi dire les gâter ; c'est-à-dire, par des coups de pinceau legers & spirituels en ôter la fade propreté & la froide uniformité. C'est-là ce qui fait la difference d'un génie froid qui copie servilement ce que souvent il ne connoît pas, ou d'un génie orignal qui, entraîné par une heureuse verve, répand le feu qui l'enflâme sur tout ce qu'il touche. En effet, c'est par une espece de feu divin que l'on doit animer les corps que l'on a régulierement formez par l'Art du deffein & les charmes du coloris. Il faut, comme un autre Promethée, y souffler un feu celeste par le secours de Minerve, comme il dit luy-même dans la Tragédie de Thyeste : Les hommes étoient créez comme les bêtes, sans intelligence & sans esprit : Je les ay désabrutis par le feu celeste que j'ay soufflé dans leur ame.

Concluons donc que le pinceau doit être animé, sans être trop brusqué : fini, sans être sec; hardi, sans être dur ; & moëleux, sans être lêché. Avoüons que tout doit être esprit dans la peinture, & que la main ne doit que luy obéir.

Qu'on ne me reproche point d'étaler icy des maximes déja connuës & familiéres aux grands Maîtres de l'Art; les Sçavans ne dédaignent pas d'entendre ce qu'ils sçavent déja, & ce qu'on leur voit pratiquer. D'ailleurs, chacun sçait que je n'ai jamais eu d'autre but dans ces Differtations, que de retracer à mon Fils les principes que j'ay succez, pour ainsi dire, avec le lait dans cette même Academie, & ceux que j'ay puisez parmy les plus grands Hommes qui vivoient en Italie, quand j'y fus conduit encore enfant par un Pere que le mérite, la candeur, & le sincere attachement qu'il avoit pour cet illustre Corps, vous a rendu MESSIEURS, presqu'aussi respectable qu'à moy. Trop heureux que vous ayez voulu les écouter vous-mêmes, & que vous m'ayez engagé à continuer de décrire des regles qui font naturellement l'éloge de ceux qui les exécutent avec succés, comme Vous ; & qui êtes en cela d'autant plus dignes de loüanges, que vous les exécutez fans vous en vanter. Il est bon d'ailleurs que les Etudians sçachent, qu'il y a des choses qui regardent la pratique, qui s'apprennent quelquefois en voyant faire ; mais qu'il y en a beaucoup qui ne s'apprennent qu'à force d'en entendre parler.

Au reste, quoique ceux qui croyent n'ignorer rien, prétendent que ces sortes de Conférences sont inutiles, je trouve que vous les avez d'autant plus sagement établies, qu'en les rendant publiques, vous faites part de vos lumieres à des Personnes distinguées & déja éprises des charmes de la Peinture, en faisant naître en même temps un nouveau goût à ceux qui éclairez d'ailleurs, n'avoient peut-être pas encore une juste idée d'un Art, dont l'étenduë est si vaste, qu'elle peut fournir long-temps matiére à écrire & à s'entretenir. Ceux qui en sont sçavamment épris, sont comme ces amans passionnez, qui ne se lassent point d'entendre parler de ce qu'ils aiment.

Pour moy, MESSIEURS, comme il se peut faire que parmi vos jeunes Etudians il s'en trouve quelques-uns qui ignoroient encore une partie des choses que j'ay dites jusqu'à présent, je seray ravi qu'ils soient assez dociles pour en vouloir profiter. Mais s'il en est parmy eux qui ne voulant connoître de principes que leur propre habitude, s'imaginent sçavoir ce qu'ils n'ont jamais appris, je leur conseille d'éviter d'entendre des discours qui pourroient à la fin les guérir de cette douce maladie de l'esprit qui fait tout leur bonheur. Cela me fait ressouvenir d'un certain Trazile d'Athenes, qui tomba dans une espece de maladie extraordinaire qui luy fit tourner l'esprit. Il alloit tous les jours au Port de Pirée, s'imaginant que tous les Vaisseaux qui abordoient là, n'étoient chargez que de ses richesses, & il en avoit une joye extrême. Ses Parens le mirent entre les mains d'un Medecin qui le rétablit dans son bon sens : alors, il leur dit : Ah ! rendez-moy ma douce maladie, vous me rendrez mon bonheur.

Justesse du Contour, proportion des Corps.

Quatre-vingt-huitième Vers de l'Epitre.

LEs Contours se forment par des lignes. Il n'y a que trois sortes de lignes, la droite, la courbe & la mixte. Plusieurs lignes jointes ensemble, forment ce qu'on appelle superficie ; & la superficie est ce qui comprend la longueur & la largeur de quelque Corps que ce puisse être. Les superficies se peuvent distinguer de trois maniéres. Les unes sont planes & unies, les autres sphériques & concaves. La superficie plane est telle, qu'en posant une regle dessus, cette regle touchera également par tout. Par exemple, une glace unie, ou la superficie d'une eau tranquille. La superficie sphérique imite le dehors d'une sphére ; & la concave, est proprement le contraire. Les superficies composées, tiennent des superficies droites, des sphériques & des concaves.

Ce qui termine les superficies, ce sont des lignes qui forment ce qu'on nomme figure en Géometrie, & ce sont ces mêmes lignes qui produisent ce que les Peintres appellent les Contours, dont les combinaisons infinies comprennent toute l'étenduë du Dessein, non-seulement pour la Peinture, mais encore pour la Sculpture, & pour l'Architecture même, qui ne peut puiser ailleurs l'Art de bien profiler. Mais comme les moulures de l'Architecture sont fondées principalement sur la Géometrie, & qu'il n'y en a proprement que de trois especes, c'est-à-dire, des moulures quarrées, de rondes, & d'autres composées de ces deux premieres. La combinaison des profils en Architecture, est bien moins étenduë que celle des Contours de la Peinture & de la Sculpture ; d'autant plus que dans ces deux derniers Arts il faut, autant qu'il est possible, éviter les figures parfaites de la Géometrie, principalement les angles & les ronds, sur tout dans la répréfentation des figures animées. Car, comme nous l'avons dit ailleurs, c'est une élegance de forme, pour ainsi dire, incertaine, ondoyante & semblable à la flâme, qui leur donne l'esprit qui semble les animer. Cependant la perfection des profils en Architecture, aussi-bien que la beauté des Contours en Peinture consiste en une élegance convenable, noble, gracieuse, legere & spirituelle, que la seule excellence du goût de l'Auteur peut déterminer, & dont il est presque impossible de donner des regles absolument certaines, quoique l'on en puisse cependant tirer de la justesse & de la beauté des proportions. La proportion est un juste accord des parties les unes avec les autres, & avec le tout ensemble. C'est une convenance de mesure qui se trouve entre les membres & le reste du corps. C'est ce qui produit dans tous les Arts, comme dans la nature même, cette union charmante qui fait le plaisir des yeux, des oreilles, de l'esprit &

du cœur. Je puis même dire, sans sortir de mon sujet, que, dans la musique comme la proportion produit par les consonnances & l'arrangement des sons differents, cette divine harmonie qui charme les oreilles, elle entretient aussi par de justes ressorts la société parmi les hommes, elle regle les bienséances & les devoirs de la vie civile, & nous donne la juste mesure de ce que nous devons aux autres, par rapport à nous-mêmes ; & par-là elle devient non-seulement la source de la paix & des liaisons d'amitié, mais elle établit encore la regle de la prudence & de l'équité.

La proportion étant donc le principal ressort de la nature, & en formant toute l'harmonie, elle doit être le premier objet du Peintre qui en est l'imitateur. Car non-seulement elle est le fondement de la Peinture pour ce qui regarde la perfection de la forme des corps, & pour tout ce qui dépend du dessein, mais elle est encore essentielle & absolument necessaire aux autres parties de cet Art ; c'est-à-dire, à la composition, aux convenances, aux mœurs, aux caracteres, aux passions, au clair-obscur & au coloris.

C'est par la proportion que le Peintre ennoblit même son idée, & qu'en réprésentant les objets de la nature, qui, quoique parfaite en elle-même, ne l'est pas quelquefois par accident ; il s'éleve en quelque sorte au-dessus d'elle, rectifiant les défauts qu'il peut y trouver, & en ajoûtant de nouvelles beautez à celles qu'elle luy présente. De-là naît cette regularité noble & touchante, qui attirant le respect & l'admiration, fait une impression si vive dans nos cœurs, qu'elle surprend, frape & saisit, sans qu'il soit possible de s'en défendre, &

dont

dont l'examen, la raison, le temps même augmente encore la force & le pouvoir.

Qu'on ne s'étonne pas si la sçavante Grece & les Nations maîtresses du monde ont autrefois élevé la Peinture & la Sculpture à un si haut dégré de gloire: puisque ces deux beaux Arts étant la source des proportions, & par consequent du dessein, il faut que tous les autres qui ont rapport au dessein, viennent puiser chez eux leurs plus solides beautez. Combien de Personnes distinguées dans differens genres doivent le fondement de leur sçavoir aux Etudes qu'ils ont faites dans cette Academie! Combien d'Hommes fameux, Messieurs, ont sçû profiter de vos leçons pour faire refleurir tous les beaux Arts, non-seulement en France, mais presque dans toutes les Parties du monde? Personne ne l'ignore, & tous font gloire de le publier.

Je ne feindray pas de le dire, & vous devez vous en souvenir. L'Architecte qui de nos jours a rempli une si brillante carriére, & qui, à la tête de cette Compagnie, a succedé à une place qui n'avoit été remplie que par un Cardinal, un Chancelier de France, & des premiers Ministres; & qui l'est encore aujourd'huy par un des plus grands Seigneurs du Royaume. Ce fameux Architecte, dis-je, s'est souvent fait honneur en parlant à Vous-mêmes, de s'être formé dans votre Ecole.

Ne sçait-on pas en effet, que c'est sur la structure du corps humain, qui est le principal & le plus noble objet de la Peinture & de la Sculpture? Que l'Architecture a fondé ses justes mesures, & cette noble harmonie, qui fait la plus grande beauté de ses pompeux édifices & des monumens qu'elle éléve. C'est sur ces

G

proportions que les Ordres d'Architecture ont été déterminez ; ainsi pour imiter cette vigueur mâle & robuste qui se trouve dans les corps des hommes bien faits, dont la hauteur est ordinairement égale à six de leurs pieds bien formez ; les Anciens ont fait un ordre dont la hauteur des Colonnes étoit sextuple de sa grosseur, avec des membres & des moulures simples & majestueuses ; & ils ont appellé ce premier ordre *Toscan*, parce que c'est aux environs de Florence que les Peuples de Lydie l'ont mis en usage, lorsqu'ils vinrent s'établir dans la Toscane.

Pour imiter la proportion des plus beaux corps des jeunes hommes qui ont ordinairement plus de six de leurs propres pieds de hauteur, ils firent un second ordre de Colonnes, dont la hauteur étoit sextuple de leur grosseur, avec des membres & des moulures plus ornées que celle de l'ordre de Toscan, parce que les jeunes hommes ont quelque chose de plus élégant & de plus gracieux dans la structure de leurs corps, que les hommes plus avancez en âge & plus vigoureux ; & on lui donna le nom d'Ordre Dorique, parce que les Doriens bâtirent autrefois à Argos un Temple en l'honneur de Junon, sur les proportions de cet Ordre. Ensuite, pour imiter la proportion du corps des femmes, dont la hauteur est presque égale à la longueur de huit de leurs pieds, ils établirent un troisiéme ordre auquel ils donnerent une hauteur octuple de leur grosseur, avec des ornemens plus délicats ; & cet Ordre fut appellé *Ionique*, parce que les Grecs s'en servirent pour bâtir le Temple d'Ephese, étant passez en Asie, sous la conduite d'Yon d'Athenes.

Ils en firent après un autre auquel ils donnerent une hauteur égale à neuf de ses grosseurs, avec des membres beaucoup plus délicats à l'imitation du corps des filles, qui est plus délicat que celui des femmes; & parce qu'il fut d'abord éxécuté à Corinthe, on le nomma *Corinthien*. L'Italie imagina ensuite l'ordre composé dont la hauteur contient dix grosseurs, & auquel les membres & les moulures des autres Ordres peuvent convenir.

Le tout ensemble d'un Ouvrage se forme par les diverses parties qui le composent; cela est commun à la Peinture, à la Musique, à la Poësie & à l'Eloquence. Les corps ont des membres différents, & ces membres différents doivent avoir leur correspondance & leur simétrie; car la simétrie jointe à la proportion fait l'ordre, l'arrangement & la majesté. Si vous posez une tête gigantesque sur un petit corps, un petit bras avec un autre bras trop grand; un grand pied avec de petites jambes; si dans la même tête vous mettez un grand œil vis-à-vis d'un petit, que l'un soit plus haut ou plus bas que l'autre; si vous assortissez les membres d'un jeune homme à ceux d'un vieillard; des parties maigres avec d'autres plus grasses; la tête d'une fille avec des bras d'un homme robuste; enfin si vous tombez dans ces disproportions & ces fautes d'égalité & de correspondance, vous ne produirez jamais que des monstres & des objets desagréables à voir. Il faut non-seulement éviter ces disproportions dans les formes, mais aussi dans les couleurs, & ne pas mettre une tête blanche sur un corps brûlé du Soleil : de même qu'en Architecture on ne peut donner à chaque

Ordre que des ornemens convenables à sa proportion. Il faut aussi proportionner les vêtemens aux caracteres & aux âges : Ne pas habiller un héros & des vieillards de taffetas, & des jeunes filles avec de lourdes étoffes. Soyons donc attentifs à ne pas tomber dans les erreurs que l'on appelle souvent mal à propos des négligences & des minuties, ce qui paroît un rien a quelquefois de grandes suites.

Il en est des erreurs de proportion comme de celles de l'Arithmétique & des mœurs mêmes. Une petite faute en attire souvent d'autres qui deviennent irréparables. Gardez-vous de tomber dans le défaut de ce Sculpteur dont parle Horace qui sçavoit admirablement finir les ongles de ses Statues, imiter le naturel & la légereté des cheveux, mais dont les Statuës en gros étoient mauvaises, parce qu'il ne sçavoit pas faire un tout bien composé, & dont les parties fussent d'accord.

Que d'un Art délicat, les pieces assorties
Ne fassent qu'un beau tout de diverses parties.

C'est Monsieur Despréaux qui le dit, & c'est la raison même qui parle par sa bouche. Que cette remarque peut fournir de réflexions utiles pour toutes les parties qui composent un Tableau! car si le détail agréable fait le plaisir des yeux & de l'esprit, lorsque le tout est heureusement disposé, & qu'on n'a pas mis en un lieu ce qui auroit dû être placé ailleurs : ce même détail devient souvent insipide, quelque beau qu'il soit, quand la composition est mauvaise; que le clair-obscur est mal entendu; que le faux accord des couleurs blesse les yeux, & qu'il regne par tout une disproportion & une fausseté de caracteres & de passions qui choquent la raison & glacent en quelque sorte tout l'Ouvrage; car il faut aussi de la proportion entre les sujets & les expressions : on doit encore proportionner les ornemens, les passions, les gestes, les mouvemens & les attitudes au sexe, aux âges & aux caracteres différents. Il ne faut pas peindre la sagesse d'un vieillard dans un jeune homme vif & impétueux. La simplicité naïve d'un enfant ne convient pas à l'âge viril; & l'enjoüement de la plus riante jeunesse ne caracteriseroit pas un vieillard sage & moderé. Si les caracteres doivent être variez, la proportion ne doit pas être aussi la même dans tous les corps; & c'est en cela que Raphaël s'est infiniment distingué; car non-seulement il a sçû varier dans les différents caracteres, mais il a encore sçû éviter l'uniformité dans les mêmes, juste & sage imitateur de la nature qu'il a toûjours envisagée comme son principal objet : la beauté même doit être variée par les diverses proportions : on peut être touché par des attraits différents : il y a des beautez dont on peut rendre raison, & d'autres qui sont arbitraires, quoiqu'elles paroissent positives à ceux qui en sont touchez, & qui sont frappez de certains traits, en faveur desquels ils sont prévenus. Quelquefois la grande beauté d'une partie fait aimer le tout ensemble; souvent un je-ne-sçay-quoy qui plaît, fait passer des irrégularitez de proportion pour des choses parfaites; il faut d'ailleurs observer dans les regles de la beauté ce qui convient à chaque âge; car de même que les Saisons différentes ont chacune leur beauté particulière, chaque âge a sa beauté différente : c'est sur cette connoissance de tant d'effets variez dans la nature, que le Peintre doit fonder le bon goût qui le doit distinguer dans ses Ouvrages. Il ne suffit pas de s'en tenir aux regles ordinaires que l'on ne doit cependant pas ignorer, & que l'on doit soigneusement observer si l'on veut éviter le blâme ; il faut encore par l'excellence de l'esprit & du jugement, s'en faire de nouvelles, pour arriver aux perfections qui méritent des loüanges. Pour avoir évité des fautes, dit Horace, ay-je pour cela mérité des loüanges ? En effet, combien de Peintres dessinent d'un goût sec, mesquin, froid, pauvre & insipide, sans faire de fautes trop marquées ; qui n'ignorent par l'anatomie, & qui sçavent par cœur les mesures du corps humain, telles qu'elles sont écrites dans plusieurs Auteurs, dont je ne ferai point icy un détail qui deviendroit trop long, & peut-être inutile. Je me contenterai de dire qu'un des plus sûrs moyens pour connoître les mesures des membres dans tous les animaux, c'est d'étudier à fond l'Osteologie, parce que les os sont les parties principales qui soûtiennent, pour ainsi dire, le bâtiment du corps, & qu'ils sont à son égard ce qu'est la charpente à l'égard d'un édifice. Mais les os doivent être revêtus de muscles qui donnent à ces différentes parties leurs propres grosseurs. En s'appliquant à connoître leurs situations, leurs enchaînemens & leurs fonctions particulieres, on connoîtra ceux qui doivent s'enfler & ceux qui doivent être relâchez ; ceux qui doivent agir dans certains mouvemens, & ceux qui sont sans action ; car leurs formes diverses dépendent de leurs actions différentes. Par cette étude nécessaire pour s'assûrer des mesures & des proportions du corps humain, on pourra établir la base solide du grand Art du dessein. Gardons-nous cependant que cette recherche éxacte de l'Anatomie ne nous porte à prononcer les muscles d'une maniere trop sévere & trop séche ; car les plus grands Maîtres, sur-tout ceux de l'Ecole Florentine, sont souvent tombez dans cet excès. Michel-Ange qui a quelquefois égalé les Grecs dans la Sculpture & dans l'Architecture, est moins heureux dans la Peinture à laquelle il s'est également appliqué, parce qu'il s'y est trop laissé emporter à l'affectation de faire également ressentir tous les muscles. Il semble qu'il ait oublié quelquefois qu'il y a une peau qui couvre ; que ces muscles doivent être plus ou moins sensibles selon les actions différentes, selon les sexes & selon les âges. Il n'est pas, à la vérité, tombé dans le même défaut dans les Ouvrages de Sculpture, qui sont les Monumens les plus solides de sa gloire.

La Peinture ne se borne pas aux proportions que la Géométrie détermine dans les autres Arts, qui par le secours de la matiere que l'on augmente, ou que l'on diminuë, rendent les corps réels & effectifs, tels qu'ils sont dans la nature. La Peinture, par une apparence trompeuse, en faisant toûjours paroître ce qui n'est point, enchante & séduit également les yeux & l'esprit. Non-seulement elle a besoin pour cet effet des regles certaines de la perspective qui la distinguent, & sans laquelle elle ne peut jamais rien produire ; il faut encore qu'elle ajoûte à cette science l'artifice des jours & des ombres régulierement observez, & ingénieusement disposez ; car la Peinture, sans l'effet du clair-obscur, est aussi imparfaite que la Musique sans parties. Cela est d'autant plus vray que la proportion est la regle des accords, comme du clair-obscur.

Concluons-donc que la proportion étant le fondement non-seulement du dessein, mais presque de toutes les parties de la Peinture, on ne sçauroit trop s'appliquer à en connoître les principes. Jeunes Eléves, étudiez-donc tout ce qui peut vous y conduire ; c'est-à-dire, la Géometrie, l'Anatomie & la Perspective : mais ajoûtez encore à cette étude la connoissance parfaite de la nature. Mettez-vous fortement dans l'esprit que la pratique sans la science ne fait qu'un simple Ouvrier ; mais que la science jointe à la pratique, fait le Peintre ; car de même qu'il y a beaucoup de différence entre un Discoureur & un Orateur, on peut dire qu'il y en a beaucoup aussi entre un homme qui peint & un véritable Peintre. La facilité de la main, quand elle n'est pas soûtenuë de l'Art, est le talent de beaucoup de Gens médiocres, souvent des plus téméraires. On a beau dire que le long usage est quelquefois le plus sûr de tous les Maîtres : il donne plus de facilité que de justesse, & cette facilité ne nous remplit que trop d'une orgueilleuse témérité qui est souvent la cause de notre chûte.

En effet, combien a-t-on vû de jeunes Gens qui sembloient promettre un avenir éclatant, qui pour avoir abandonné l'étude, & s'être trop fiez à leurs talens naturels, ont tellement fait perdre les hautes idées qu'ils avoient données, que leur nom s'est tout-à-fait à-coup effacé de la mémoire de ceux qui les avoient vantez avec le plus de chaleur. Que l'idée d'un précipice dans lequel il est si facile de tomber, arrête la course impétueuse de la trop boüillante jeunesse ! Laissez-vous retenir par les réfléxions, l'étude & la raison. Songez que la nature, sans le secours de l'Art, ne produit quelquefois que des ronces, où l'on esperoit voir naître des fleurs & des fruits ; & que ce n'est qu'en les unissant que l'on peut trouver la perfection que l'on doit envisager, quand on veut se faire une réputation qui soit à l'épreuve des temps. Car, par rapport à la postérité, rien de ce qui n'est pas achevé n'est commencé.

Un Peintre qui se flate en son orgüeil extrême,
Connoissant peu son Art, se connoist peu lui-méme ;
Et charmé de l'encens dont on vient l'entester,
En nourrit ses défauts, loin de les rejetter.

<small>Trente-trois, 34. 35. & 36. vers de l'Epitre.</small>

C'Est le défaut de l'amour propre qui arrête ordinairement le progrez de nos études. Comme on s'aime toûjours trop, on se flatte toûjours trop aisément ; & l'on est souvent satisfait de soi-même, quand on est fort éloigné de contenter les autres.

Il n'est que trop ordinaire d'accompagner un merite médiocre d'une vanité démesurée ; mais on a beau s'applaudir sans cesse, briguer des voix, ramasser des suffrages, dicter ses éloges, & vouloir bâtir les prétendus monuments de sa gloire sur les ruines de ceux qui nous déplaisent. Si cette vanité impose, & éblouit quelquefois la multitude peu éclairée, le tems leve à

H

la fin le voile de la vérité, & cette même multitude defabufée fe trouve tout-à-coup furprife, & quelquefois honteufe elle-même de s'être laiffée féduire trop groffiérement.

Quelque merite qui brille en nous, non-feulement il n'eft pas féant de le publier aux autres, mais il eft tres-dangereux de fe le perfuader à foi-même. Car cette idée flateufe qui nous enchante & nous endort, eft une Sirene qui nous fait à la fin perir. La vaine confiance que nous avons en notre capacité nous fait languir dans une malheureufe indolence, & nous empêche en nous flattant de chercher la perfection que nous croyons avoir déja trouvée. Plus de foins; plus d'études : on ne confulte plus ni la nature, ni la raifon : on ne doute jamais de rien : l'embarras du choix n'occupe plus : tout ce qui naift fous les doigts contente également, par la feule raifon que l'on en eft l'Auteur; & l'on s'abandonne à la fin à une routine dangereufe qui dégenere de jour en jour, & que l'on fe perfuade être la veritable poffeffion des regles d'un Art qu'on n'a pas encore eu le tems de connoître L'on croiroit faire tort à fa reputation & fe trop abaiffer fi l'on cherchoit à profiter encore des ouvrages & des lumieres de ces refpectables Anciens qui doivent toûjours fervir de guide : on écoute avec peine l'équitable voix qui les admire, & l'on prend un plaifir fecret à entendre celle qui les méprife. Tant il eft vray que nous avons peine à aimer ceux qui nous forcent à les admirer. Car on s'efforce toûjours à diminuer leur merite, pour les mettre, s'il fe peut, au niveau de notre mediocrité; & cela toûjours par un principe d'orgueïl, d'où naift cette basse jalousie qui est en nous; qui fait qu'on croit qu'on nous veut arracher ce qu'on donne à ceux que l'on loüe; & qu'au contraire on nous donne ce qu'on ôte à ceux que l'on blâme. C'est ce qui fait que lorsqu'on se pardonne tout à soy-même, on ne pardonne rien aux autres; ou du moins qu'on se plaît à retrancher d'un côté les loüanges qu'on ne peut leur refuser d'un autre. Car si l'on est obligé d'avoüer qu'ils ont quelques talents, on étale avec précipitation les plus grands défauts qu'on croit trouver en eux; en bégayant avec un ton foible lorsque l'on loüe, & en élevant fortement la voix quand on a le plaisir de blâmer. Efforts inutiles! Car vouloir détruire la réputation établie des grands Hommes, c'est ressembler à ces flots irritez qui paroissent folement vouloir abattre d'inébranlables rochers, contre lesquels ils viennent toûjours se briser en gémissant.

L'envie succombe à la fin sous le poids du merite, & l'homme qui s'éleve par la vertu accable, dit Horace, du seul poids de sa gloire, le merite de ceux qu'il laisse en arriére. Pindare dit que le merite est comparable au Liége qui revient toujours sur l'eau, quelque effort que l'on fasse pour l'y plonger. Plus un homme connoît les difficultez de son Art, & plus son discernement est exquis, plus il se fait d'honneur d'être indulgent pour les autres & sévére pour luy-même; plus il a fait de chemin dans la longue carriére de la Peinture, plus il a fait de découvertes, & plus il voit par ses propres lumieres combien il est encore éloigné de la perfection que la gloire luy propose.

J'ose même avancer dans cette célébre Académie,

en présence des plus illustres Peintres de l'Europe; leur sçavoir & leur modestie m'excitent même à le dire. Oüy, MESSIEURS, personne ne peut, sans une vanité condamnable, se vanter de posseder également toutes les connoissances & les talents divers que demande la Peinture : un Peintre qui voudroit se le persuader, se rendroit digne de ce qui se disoit si communément chez les Anciens : Qu'il n'y a personne de plus hardi & de plus content de soy-même qu'un méchant Peintre, & un méchant Poëte ; & cela, parce qu'ils ne connoissent ni leur ignorance, ni la vaste étenduë de leur Art.

Si l'idée d'un Auteur ne va plus loin que ses productions, il est difficile qu'il puisse corriger ses défauts, & ajoûter de nouvelles beautez à ses Ouvrages. Le plus habile est toujours le plus timide. Qui est le Peintre jaloux de sa gloire qui ne demeure pas étonné, peut-être même effrayé à la vûë d'une superficie platte, ou d'une toile nuë sur laquelle il doit créer tant de choses diverses ? Faire paroître ce qui n'est point ? Former des corps sans matiere, & des corps qu'il doit rendre vivans par la force d'un génie heureux & abondant ? Quelque sçavant que l'on soit, peut-on toûjours compter sur ces momens favorables où le génie échauffé, pour ainsi dire, par Minerve elle même, répand ce feu brillant & necessaire pour inventer heureusement ? Peut-on répondre toûjours de rassembler en même tems dans son esprit cette justesse & cette force d'idée necessaire pour prévoir tout à la fois en composant ce qui convient à l'œconomie & à la disposition de tout l'ouvrage ; & en faisant le choix des attitudes convenables à l'expression & à la beauté du dessein, prévoir par la maniere de disposer sa lumiere & ses grouppes l'effet des masses & du clair-obscur, & en même tems le choix des couleurs pour produire tout à la fois par l'harmonie & l'aimable repos des yeux un effet qui puisse également plaire, toucher, & surprendre.

Car il ne faut point se flatter, si vous n'avez tout cela present à l'esprit, en composant la vaste machine de vôtre tableau, vous travaillez en vain. Ce ne sera plus qu'une confusion & un chaos épouvantable que vôtre composition : tout y paroîtra froid & languissant : tout vous éloignera du plaisir des yeux & de l'esprit : vous aurez beau dessiner juste, colorier & peindre agréablement, vous perdrez tout l'effet de ces charmes, si l'invention, l'ordre, & l'arrangement ne servent de base solide à vôtre ouvrage.

Il en est de cela comme d'un Orateur qui dans un discours fleury chercheroit à flatter l'oreille de ses Auditeurs par des périodes bien mesurées, & des fleurs de Rhétorique semées au hazard, sans avoir eu egard à l'ordre & à la composition, & à convaincre leur esprit par la force de la raison. Car tout discours qui manque de solidité, n'a ni force ni grace, & les paroles les plus belles qui sont vuides de choses, sont toûjours vaines. Comme les premiers pas qu'un jeune homme fait dans le monde décident presque de tous les autres ; de même les premiers traits qui tracent l'idée & la composition d'un tableau, sont les présages de sa beauté, & par ces commencemens les connoisseurs prévoyent bien souvent ce qu'il deviendra.

Il faut donc avant que de commencer à prendre le

crayon, que l'esprit se remplisse des plus belles idées; & que l'Art par une sage disposition, arrange & place dans leur propre lieu toutes les parties differentes pour en former un beau tout. Hé! qui peut assez présumer de son génie pour compter toûjours sur des idées qui viennent la plûpart du tems d'un hazard heureux & favorable, qui refusent souvent de venir quand on les appelle; & qui se présentent quelquefois quand on ne les cherche plus. Cela doit humilier les plus habiles. Aussi sont-ils ordinairement les plus modestes.

De combien de connoissances diverses l'esprit du Peintre parfait ne doit-il pas être orné? Non-seulement il devroit avoir une grande teinture des humanitez, mais il devroit être un peu Rhétoricien pour se servir des mêmes regles dont se sert l'Orateur, pour parvenir comme lui à instruire, à plaire, & à toucher le cœur. Ce sont ces trois choses qui contribuent le plus à la force de la Peinture, & que l'on devroit chercher avec le plus de soin, & ausquelles on fait souvent le moins d'attention.

Le grand Peintre doit être Poëte; je ne dis pas qu'il soit nécessaire qu'il fasse des vers; car on peut même en faire sans être Poëte; mais je dis que non-seulement il doit être rempli du même esprit qui anime la poësie, mais qu'il doit necessairement en posseder les regles qui sont, comme je l'ay déja dit ailleurs, les mêmes que celles de la Peinture; car la Peinture & la Poësie sont deux sœurs qui se ressemblent si fort en toutes choses qu'elles se prêtent alternativement l'une à l'autre leur secours. La Peinture doit faire pour les yeux, ce que la Poësie fait pour l'oreille: elles ont toutes deux les mêmes principes, les mêmes idées, le même objet, & le même enthousiasme.

Le grand Peintre doit-il ignorer l'Histoire sacrée, profane, & fabuleuse ? N'a-t-il pas besoin de la Géographie, de la Géometrie, & de la Perspective ? On sçait combien l'Architecture lui est necessaire : il ne peut trop la cultiver : il doit être Physicien pour connoître la nature. Peut-il être sûr de representer parfaitement les choses dont il ne connoîtra ni les causes, ni les effets ? S'il n'a quelque teinture de cette partie de la Morale qui donne la connoissance des passions, comment sçaura-t-il tracer des images sensibles des mouvemens de l'ame ? Comment sçaura-t-il peindre la joye, la tristesse, le plaisir, la douleur, l'amour, la haine, la crainte, & les autres passions qui troublent & agitent le cœur humain ? Car non-seulement il doit connoître l'homme extérieur par l'étude des Proportions & celles de l'Anatomie, mais il doit foüiller jusques dans son ame par le secours de la Philosophie. Comment sçaura-t-il peindre les caracteres, s'il n'a quelque connoissance des regles de la Physionomie ? Les regles generales de la composition de la Musique ne doivent pas être inconnuës au Peintre. L'harmonie qui se fait par la proportion des sons, est fondée sur les mêmes principes que celle des proportions des corps, des degrez de lumieres, & des diverses nuances de couleurs.

Les regles de la Déclamation sont necessaires à la Peinture pour accorder les gestes avec l'expression du visage. Le Peintre ne pouvant malheureusement donner la parole à ses figures, doit y suppléer par la vive expreſſion des geſtes & des actions dont ſe ſervent ordinairement les muets pour ſe faire entendre.

Les Peintres doivent avoir quelque connoiſſance de l'Art des Balets, non-ſeulement pour le choix noble & gracieux des attitudes, mais auſſi pour imiter en partie ces Pantomimes ſi celebres parmi les Grecs, qui avec des pas reglez enſeignoient l'Hiſtoire : Les pieds & les mains y parloient, & il y avoit un ſi grand art & une expreſſion ſi vive dans leurs poſtures, que les Spectateurs déchiffroient aiſément les circonſtances mêmes les plus myſterieuſes des actions de leurs Divinitez.

L'on ne finiroit point ſi l'on vouloit détailler toutes les connoiſſances neceſſaires à la Peinture. Cependant tout ce ſçavoir deviendra inutile, ſi l'on n'a l'art de le bien ménager, comme j'ay déja dit par l'ordre, & l'œconomie de tout l'ouvrage, par la beauté & la ſublimité des penſées, par la maniere noble & majeſtueuſe de traiter ſes ſujets, en rempliſſant dignement la verité de l'Hiſtoire, en rendant les mœurs, les pays & les coûtumes, par une expreſſion enfin vive & noble, & par une exécution agréable & aiſée, en répandant par tout une aimable abondance & une agréable varieté avec un goût exquis de ce qui peut plaire ou déplaire, ennuyer ou intéreſſer.

Je ne crois pas que l'idée que je donne icy d'un Peintre parfait paroiſſe exaggerée, puiſque l'on ne peut diſconvenir que non-ſeulement elle ne ſort point des bornes de la verité, mais qu'on peut encore y ajoûter beaucoup de choſes. J'avouë que j'en fais un homme orné de grandes qualitez ; mais on doit ſe ſouvenir que je donne icy l'idée d'un grand Peintre. Si l'on l'on m'objecte que peu, même des Anciens qui ont merité la plus éclatante reputation, ont acquis ce haut degré de perfection, je répondray qu'il en est peu d'entr'eux ausquels il n'ait rien manqué; & c'est ce qui doit faire rentrer en eux-mêmes ceux qui disent hautement qu'ils sçavent leur art, & qu'ils n'ont rien à apprendre. Les Leonards, les Raphaëls, les Michelanges, les Alberts, les Dominicains, les Rubens, les Poussins qui sont ceux qui ont le plus rassemblé de connoissances diverses, étoient bien éloignez de presumer ainsi d'eux-mêmes. Les Anciens en mettant leurs noms sur leurs ouvrages, mettoient toujours; je faisois, & jamais, j'ay fait, n'étant jamais contens d'eux-mêmes, & le voulant faire entendre à la posterité.

Ces grands Hommes étoient trop sçavans pour ne pas connoître qu'ils ne sçavoient pas tout. Dans tous les Arts les esprits mediocres & bornez, non-seulement ne connoissent point l'étenduë de leur Art, mais ils ne se connoissent pas souvent eux-mêmes: moins occupez de ces reflexions que d'assûrer leur fortune, ils sont moins touchez d'être veritablement sçavans, que d'acquerir la fausse reputation de l'être. Car s'ils s'apperçoivent que les bons Juges refusent de leur accorder les suffrages qu'ils prétendent, & que ce petit nombre qui pése équitablement le bon & le mauvais, ne leur est pas favorable, ils n'épargnent rien pour éblouïr & gagner ceux qui ont moins de lumieres, & cherchent par milles ressorts à se faire admirer de la grossiere multitude. Alors on prend le ton affirmatif; on décide hardiment en sa faveur; & l'on se forme la douce habitude de croire avec la meilleure foy du monde tout le bien que l'on dit de soy-même, & que l'on veut persuader aux autres. Combien de gens sont crûs sçavans sur leur parole par l'aveuglement du peuple ignorant? Car le nombre des mauvais connoisseurs est, je croy, dans tous les Arts beaucoup plus grand que celuy des Juges éclairez. C'est pourquoy Sophocle Poëte tragique rencontrant un jour un autre Poëte tragique qui avoit souvent remporté sur lui le prix de la Tragédie par les suffrages du peuple, lui dit agréablement; N'as-tu point de honte de m'avoir si souvent vaincu par la pluralité des voix? Ces vains applaudissemens sont d'autant plus dangereux que les ignorans zelez frapent toujours à faux, & nous admirent souvent sur les plus grands défauts de nos ouvrages. De-là nous tirons des conséquences fausses sur ce qui peut plaire & déplaire à ce qu'on appelle le public; & nous chérissons avec tendresse des défauts que nous voyons applaudir tous les jours par des flatteurs dangereux, qui, comme dit Horace, se récrieront à tout moment; cela est beau; cela est admirable; cela est divin; ils sont extasiez; ils pleurent de tendresse; ils sautent sur leur siége; ils battent la terre du pied; en un mot, comme les gens qu'on loüoit pour pleurer aux funerailles, disant & faisant beaucoup plus de choses que ceux qui étoient veritablement affligez : tout de même les flateurs sont bien plus émus que les amis sinceres. Voilà comme la loüange servile nourrit souvent l'orgüeil & l'ignorance en flattant d'une maniere basse & fausse.

Vous donc, jeunes Etudians, à qui la naissance a donné un génie assez heureux pour entrer avec succez dans la longue carriére de la Peinture, évitez tout ce qui peut flatter l'amour propre; c'est l'écüeil le plus dangereux de l'étude. Mais il vous sera facile de vaincre cet obstacle, si vous apprenez à bien connoître les difficultez & l'étenduë de votre Art. J'avouë qu'en me representant ces idées, & en travaillant pour vous les mettre au jour, j'ay travaillé à m'humilier moi-même. Faut-il que l'on ne commence à entre-voir le but, que lorsque l'on sçait que l'on n'a plus assez de tems pour pouvoir y arriver! Ménagez donc les momens précieux de votre jeunesse. Car l'on peut appliquer avec grande raison à notre Art ce qu'Hippocrate disoit du sien; l'Art est long, & la vie courte; l'experience est difficile; mais ne vous rebutez pas dans votre course. Les trésors de la Peinture sont immenses; ils peuvent enrichir differemment beaucoup de gens. Il y a plus d'un Laurier, plus d'une couronne au Parnasse; & les équitables dispensateurs des graces imitent sagement le Héros de Virgile, qui dans les jeux qu'il fit célébrer en l'honneur d'Anchise son pere, aprés avoir donné le premier prix au Vainqueur, en donnoit deux autres, quelquefois trois à ceux qui en avoient le plus approché.

Cherchez dans le Corége une grande maniere;
Le grand goût du dessein, un heureux choix du beau.

Cinquante-huit & cinquante-neu-viéme vers de l'Epitre.

LA grande maniere, ou ce qu'on appelle le grand, vient d'une élevation d'esprit naturelle que nous avons en nous; & c'est plûtôt un present du Ciel, qu'une qualité que l'on puisse entiérement acquerir pour ce qui regarde la grandeur des idées, & la beauté de l'imagination. Mais comme le grand se trouve aussi dans les autres parties qui font de l'Art, examinons-les, & voyons si l'on ne peut pas trouver quelques regles pour y parvenir.

Le grand se trouve dans le choix du sujet, & dans la maniere de le traiter : dans la disposition ; dans l'expression ; & dans le goût de dessein.

Quand le Peintre est maître de choisir son sujet, comme il doit toujours tâcher de l'être, il doit avoir grande attention à choisir des évenemens grands, célébres & singuliers, dont l'action soit vive & caractérisée.

Quand dans le choix d'un sujet on peut au grand, joindre le pathétique, on en doit attendre un succez heureux. Quoique le grand frappe l'esprit & le goût, il n'est pas permis à tout le monde d'en sentir les beautez ; mais quand les passions y sont jointes, & qu'elles sont maniées avec force, elles font un effet general sur tous les Spectateurs. Le pathétique gagne le cœur, plus promptement que le grand ne touche l'esprit. Joignez à cela que l'on peut frapper l'esprit, sans toucher le cœur ; & qu'on ne peut toucher le cœur sans aller à l'esprit.

Comme il n'y a point d'action sans circonstance, on pourra sans doute, arriver au grand, si l'on sçait avec art choisir les plus considerables, en les liant ensemble pour en faire un beau tout. Non-seulement un grand Peintre ne doit rien faire entrer dans son sujet qui ne concoure avec l'action principale de son tableau ; mais il faut que tout contribuë à en augmenter encore la force & le caractére. Tout ce qu'on ajoûte au sujet, doit accroître & embellir l'ouvrage, mais le grand ne veut rien de superflu.

Gardez-vous, sur tout dans les sujets qui regardent

les myſteres de la Religion, d'introduire des circonſ-tances baſſes ou puériles qui en défigurent le caractére. Tout y doit inſpirer le reſpect & la ſainteté.

Je ne ſçaurois comprendre comment le Dominicain a pû tomber dans ce défaut, dans un Tableau qu'il a peint à S. André de la Valle à Rome, où il a repre-ſenté le martyre de ce Saint. Il a introduit dans cette ſainte Tragédie un Soldat qui en faiſant un effort pour tirer une corde, tombe à la renverſe, & donne oc-caſion aux autres de rire, & de ſe mocquer de lui. Cela me paroît fort condamnable, ſur tout à ce grand Pein-tre qui penſoit ordinairement avec tant de grandeur & de juſteſſe. Une circonſtance ſi baſſe & ſi burleſque eſt indigne de la majeſté du ſujet, & donne abſolu-ment dans le petit. C'eſt mêler le bas comique, au tra-gique le plus touchant, & mettre un pied dans le Co-thurne, & l'autre dans l'Eſcarpin.

Cela fait voir qu'autrefois on faiſoit de grandes fautes; mais dans les Arts on eſt porté à pardonner tout aux Morts, & l'on ne paſſe rien aux Vivans.

Quand les circonſtances baſſes ſont abſolument eſ-ſentielles & neceſſaires au ſujet, il faut avoir l'Art de les placer de maniere qu'elles n'occupent que les en-droits du Tableau les moins conſiderables, & qu'elles ſervent à relever la beauté de l'action qui doit être tou-jours dans le milieu de la ſcéne, & ſous la plus écla-tante lumiere. Quelle petiteſſe ridicule ne ſeroit-ce pas dans un Tableau de la Nativité du Sauveur, de mettre les Animaux de l'Etable; de mettre, dis-je, ces Animaux au milieu du Tableau, occupant la place la plus digne, & faiſant partie d'un Spectacle ſi grand

& fi faint! Si l'on doit fauver les baffes circonftances dans les fujets où l'on ne peut les éviter, quel défaut n'eft-ce pas de les introduire mal-à-propos, de les mettre en beau jour, & d'en faire quelquefois le principal objet de fon ouvrage, quand elles font directement oppofées à la dignité du fujet que l'on veut traiter! Mais quelques regles que l'on puiffe établir fur cette matiere, elles feront toujours infructueufes, fi elles ne font foutenuës par le jugement, & la delicateffe de l'efprit de celui qui travaille.

Non-feulement donc il ne faut point faire entrer d'Epifodes étrangers, mais tous ceux qui font du fujet y doivent être placez à propos ; & c'eft-là ce qu'on appelle la difpofition ou la compofition.

La difpofition d'un Tableau eft une jufte diftribution de plufieurs parties differentes, mifes tellement à leur propre lieu, qu'elles forment une agréable liaifon des unes avec les autres, en fe preftant un fecours mutuel pour fe faire valoir également.

En vain le génie fe rempliroit des idées les plus vives & les plus fublimes, fi la difpofition ne les place dans leur lieu naturel. Sans cet ordre, un Tableau ne feroit qu'un amas confus de Figures qui fatigue les yeux & l'efprit. Mais cet ordre ne doit pas être un arrangement affecté ; il faut que les objets fe trouvent placez fi ingénieufement qu'il femble qu'un heureux hazard les ait mis où ils fe trouvent. Il faut cacher l'Art, par l'Art même. Ce qui eft grand paroît facile ; & ce qui paroît facile, eft le plus difficile à faire. Ce n'eft que par les regles & les préceptes de l'Art qu'on y peut arriver. Si quelquefois un efprit fublime entraîné par l'impétuosité de sa veine, semble vouloir franchir les bornes de l'Art même, ce n'est que pour l'embellir encore, & pour y mieux rentrer.

C'est lui qui vous dira par quels transports heureux,
Quelquefois, dans sa course, un esprit vigoureux,
Trop resserré par l'Art, sort des regles prescrites,
Et de l'Art même apprend à franchir leurs limites.

Il ne faut pas attendre que la regle produise l'Entousiasme qui fait le grand ; mais il faut que la regle justifie l'Entousiasme.

La varieté & l'abondance font un grand agrément dans la composition ; mais il faut en cela, n'être ni prodigue, ni avare, & conserver toujours le caractere & les bien-séances. Il est tellement necessaire pour le grand goût d'éviter la confusion des objets, qu'il vaut mieux encore laisser quelque chose à desirer, que de rassasier les yeux par un superflu rebutant : Il faut en cela beaucoup de justesse & de goût ; faire un choix ingénieux & sage des incidents qui peuvent entrer dans son sujet ; prendre les plus intéressans, & les plus piquants ; les disposer avec Art, & rejetter tout ce qui peut y être inutile, fade, ou puérile.

Il est des sujets dont la dignité consiste dans la simplicité ; de même qu'il est de la majesté d'un Prince, de s'exprimer bien en peu de paroles : de même dans de certains sujets, le peu de Personnages jette autant de grandeur, que la varieté sçait répandre de grace dans les autres.

Dans les sujets graves, de cérémonie, ou autres semblables, il faut quelquefois un air d'arrangement, & c'est souvent ce qui en fait le grand & le majestueux ;

mais cet arrangement doit cependant avoir un contraste doux, sage, & pour ainsi dire imperceptible. Consultez là-dessus le divin Raphaël ; voyez comme il a traité la dispute du saint Sacrement ; son Ecole d'Athénes ; sa Cêne ; sa Pentecôte ; & ses Actes des Apôtres. Quelle unité d'action ; quelle docte simplicité ; quelle grandeur ; quelle noblesse, & quelle majesté !

C'est en cela que ce grand Homme en s'éloignant toujours de ce qu'on appelle mal-à-propos goût pittoresque, s'est rendu le glus grand Peintre du monde.

Dans les batailles, & dans les autres actions tumultueuses, l'abandon, la varieté & le desordre, forment le grand caractere. C'est-là qu'un beau desordre est un effet de l'Art ; mais ce doit toujours être par l'Art même, que ce desordre se doit caracteriser. Il faut dans cet air de confusion, qui doit pour ainsi dire, mettre en mouvement l'esprit & l'imagination, conserver un repos pour les yeux par les groupes liées, par les masses du clair-obscur, & par l'harmonie, & l'opposition des couleurs. C'est-là toujours ce qui forme le grand, & c'est ce tout ensemble que l'on doit avoir dans l'esprit quand l'on compose.

Ce grand consiste encore à donner une idée de multitude plus grande que l'on ne la represente en effet. Il faut toujours donner au Spectateur quelque occasion de laisser agir son imagination. L'amour propre fait qu'il nous en sçait gré, qu'il nous en admire davantage ; il joüit du plaisir de se croire l'Auteur de ce que vous n'avez, pour ainsi dire, qu'ébauché dans l'Art de plaire, & c'est avoir beaucoup d'esprit que d'en faire avoir aux autres.

Le grand goût dans l'expression est de faire sentir dés le premier coup d'œil le caractere du sujet que vous avez traité : les vêtemens ; les lieux ; les airs de tête ; les proportions ; les attitudes, tout augmente ou affoiblit la grandeur du sujet. Elevez-vous jusqu'au sublime quand vous avez des divinitez à représenter. Tout doit être pompeux & magnifique dans les actions des Heros & des Rois ; & dans les sujets même les plus communs & les plus ordinaires. On doit toujours choisir les effets de la nature les plus grands, les plus singuliers & les plus nobles ; c'est-là veritablement le goût pittoresque. Le style le plus bas doit avoir sa noblesse. Cependant ne quittez jamais le vray-semblable, pour vouloir courir aprés l'extraordinaire & le grand. Donnez à chacun le caractere qui lui convient, soit par les expressions, ou la physionomie, ou les gestes particuliers. Les attitudes des Vieillards doivent être differentes de celles de la jeunesse emportée. Les actions des femmes doivent avoir un tour plus gracieux que celles des hommes ; & celles des enfans doivent conserver un caractere naïf, tendre, qui leur est particulier ; tel enfin que les a représentées le gracieux Corrége.

Malgré la diversité des actions, ou des attitudes, conservez toujours une espece d'unité. Rien n'est si opposé au grand que d'introduire sans necessité des actions violentes dans un sujet grave où tout doit concourir au même but. Une attitude trop en mouvement auprés d'une autre quelquefois trop froide, forme un contraste outré ; insupportable aux yeux & à la raison. Raphaël est un grand modéle à suivre.

Le grand goût du dessein est different de ce qu'on

appelle correction. L'on peut être exact & regulier, & deſſiner d'un fort petit goût. Tels ſont les Lucas, les Albert-Dure, & beaucoup d'autres. L'on peut auſſi deſſiner d'un grand goût ſans être fort correct, comme on le voit dans la plûpart des choſes du Corrége. Ce grand caractere du deſſein, qui eſt dans le génie du Peintre, n'eſt pas aiſé à déterminer. Il conſiſte, cependant, à faire valoir les grandes parties par de grandes maſſes; à éviter tout ce qui eſt ſec, tranché, dur, & coupé. Les angles dans les contours font le petit, le dur, le meſquin. La forme ondoyante, & celle qui reſſemble à la flamme, anime les contours, y jette du grand, de l'élegance, & de la verité: c'eſt ce qu'on appelle l'eſprit du Contour; & c'eſt en quoy on ne ſçauroit trop imiter le Corrége. Tout ce qui eſt oppoſé à ce caractere, eſt barbare & chimerique, directement contraire à la nature, & au goût de tous les grands Maîtres. Conſultez Michel-Ange, Leonard de Vinci, Raphaël, & les Caraches, ils portent le contre-poiſon des Lucas, des Alberts, & des Pietre-têtes.

Le grand ſe découvre encore dans le goût de draper. Il s'y trouve à un tel point que ſouvent la grandeur & la nobleſſe d'une figure dépend d'un choix de plis, & d'une draperie jettée & diſpoſée d'une maniere, ou d'une autre. Quelquefois c'eſt un certain deſordre de grands plis jettez comme au hazard qui forme cette grandeur, ainſi que l'on le voit dans les ouvrages du Corrége. Quelquefois auſſi c'eſt une eſpece d'ordre de plis diſpoſez avec Art qui produit le noble & le majeſtueux; & c'eſt le goût de l'antique. Raphaël a ſçû admirablement joindre les deux enſemble. Ce langage n'est fait que pour les Peintres. Car la plûpart des gens croyent que les draperies s'abandonnent aux disciples, comme ils croyent qu'en musique les parties & l'harmonie sont l'ouvrage des Ecoliers. Cela fait voir que dans tous les Arts il est des mysteres qui ne sont reservez qu'à ceux qui les professent.

Les graces, le naif, le charme du Pinceau.

Soixantiéme vers de l'Epitre.

LEs ouvrages les plus recherchez, les plus reguliers; même les plus sçavans & les plus profonds, pourront, sans doute, se faire estimer ; mais ils n'auront pas toujours le bonheur de plaire, s'ils sont dénuez de ce charme divin, que l'on appelle la grace, & qui embellissant, pour ainsi dire, la beauté même, gagne le cœur plus promptement que cette beauté ne touche l'esprit & la raison.

Il est des graces, que l'on ressent tres-vivement, dont on ne peut rendre raison ; mais on peut rendre raison de la beauté. On trouve assez souvent des femmes regulierement belles, qui ont le déplaisir de voir que l'on s'en tient uniquement à les admirer, sans qu'il en coûte rien au cœur, parce qu'il leur manque, ce je ne sçay quoy de gracieux qui sçait le captiver avant la reflexion. On en voit d'autres qui, malgré l'irrégularité de leurs traits, sont tellement remplies de graces, que les voir, & s'en laisser toucher, c'est presque la même chose.

C'est cette partie, si necessaire dans la Peinture, qui faisoit qu'Apelle ne pouvoit s'empêcher de s'applaudir luy-même; car il avoüoit qu'Amphion l'emportoit sur lui pour la disposition, & Asclepiodore pour la regularité du dessein; mais il ne le cedoit à personne pour la grace, qui étoit le caractere qui le distinguoit, & l'élevoit en même tems au-dessus de tous ses concurrens. Ce grand Peintre dépoüillé de cette basse jalousie qui infecte tant de gens estimables d'ailleurs, admiroit de bonne foy dans les ouvrages des autres les beautez qu'il y trouvoit ; mais il ne pouvoit s'empêcher de dire qu'il y manquoit toûjours cette grace que luy seul sçavoit répandre dans ce qu'il peignoit.

Cependant, quoyque la grace en general doive toucher tout le monde, il ne laisse pas d'être vray que pour ce qui regarde les Arts, chacun s'en fait une idée selon son habitude, selon son goût, ou celuy de son Pays. Ce qui est gracieux pour une nation, ne l'est pas toûjours pour une autre. Quelques-uns veulent que la grace soit vive & picquante ; d'autres l'aiment tendre & douce jusqu'à l'excez ; l'insipidité, la fadeur même se masquent chez beaucoup de gens sous l'apparence des graces & de la beauté naturelle ; mais les Peintres qui sont dans cette erreur, croyant rencontrer la verité, n'embrassent qu'un vain fantôme. On doit plaindre ceux qui s'en laissent seduire par la foiblesse de leurs lumieres ; mais l'on ne doit pas le pardonner à ces fades Complaisants, qui, sacrifiant leur goût à la chatoüillante envie de plaire aux Ignorants, veulent établir leur fortune aux dépens de la verité qu'ils reconnoissent ; ou d'une réputation qu'ils pourroient solidement acquerir. Il leur en coûte souvent bien cher : car de même qu'on s'éleve au grand par degrez, on tombe souvent aussi par degrez dans le petit. Si une perfection en fait acquerir une autre, un défaut en attire indubitablement un autre. Ainsi l'on tombe insensiblement du mediocre au mauvais, & du mauvais au pire. Il faut donc bien fe garder d'abandonner le grand pour courir aprés la grace, & prendre foin de la bien choifir dans la fimple Nature par le fecours des grands Maîtres qui l'ont fçû connoître avant nous. Car leur mérite éclatant, doit être le flambeau à la clarté duquel nous la devons veritablement découvrir.

L'on ne fçauroit difconvenir que le Corrége & l'Albane ne foient deux Peintres trés-gracieux ; mais la grace du Corrége, plus vive, & plus picquante, s'éleve toujours au grand ; & le gracieux de l'Albane penche quelquefois du côté du petit. Si le Corrége a eu fouvent le défaut de fe reffembler trop à lui-même pour les airs de tête, c'eft un reproche que l'on peut prefque toujours faire à l'Albane. Il femble que s'étant devoüé, pour ainfi dire, à une feule des graces, il n'ait jamais ofé facrifier aux autres.

Les graces de Raphaël font les plus variées, s'il n'a pas furpaffé la vivacité & la gracieufe naïveté que le Corrége répandoit dans des traits fouvent même irréguliers ; Raphaël a fçû joindre à la plus réguliere beauté, des graces nobles & fublimes qui charment également le cœur & l'efprit. Il femble qu'il ait voulu donner l'ame à ces admirables Statuës des anciens Grecs, qui font & feront toujours les regles de la plus parfaite beauté.

La grace du Guide fe diftingue par le même caractere. Cette beauté touchante qu'il a répanduë dans fes airs de tête, confifte dans la régularité des traits & dans une picquante douceur, qui, tenant un milieu entre le tendre & le gay, conferve toujours une noblesse & une grandeur infinie. Ses mains de femmes sont d'un gracieux au-dessus de tout : il a même répandu des graces dans le tour qu'il a donné au jet de ses draperies. Je crois qu'en cela personne ne l'a surpassé ; mais ce sont des beautez que l'on sent beaucoup mieux que l'on ne les peut exprimer.

Le Parmesan est encore une source de graces les plus picquantes, tant pour les airs de tête, que pour les attitudes ; mais il ne faut pas tellement s'en laisser seduire que l'on ne s'appercoive qu'il tombe quelquefois dans l'affectation & dans le défaut que les Peintres appellent maniere.

Je suis persuadé que ce caractere de graces naît avec nous, & ne peut presque s'acquerir. Le seul Art pour y parvenir, c'est d'y être né. D'ailleurs, il est vray de dire que l'on se peint ordinairement soy-même dans les productions de son esprit.

Le Guide étoit d'un esprit doux, temperé, & ses manieres étoient nobles & grandes : c'est le caractere de ses Tableaux.

Raphaël joignoit aux manieres nobles & gracieuses, une élevation d'esprit qui distinguant sa personne, distinguoit aussi ses ouvrages.

Il en est de même des autres. On voit dans ce qu'a produit Michel-Ange, le caractere de son esprit. Il étoit sçavant, dur, fier, hardi, studieux & melancholique. Les exemples ne finiroient point. Un capricieux ; un brusque ; un inégal ; un emporté ; un libertin ; un devot ; un doucereux, tous déterminent par leur caractere personnel celui de leurs ouvrages. Les Philosophes disent avec raison que l'homme n'est que ce qu'il pense.

Non-seulement nous représentons notre temperament dans nos idées, mais nous nous accoûtumons aux idées de ceux avec qui nous sommes le plus en commerce. On prend un caractere bas & mal gracieux avec les gens bas & grossiers, & l'on éleve son imagination avec les personnes élevées, par l'esprit, par le sçavoir ou la naissance. C'est en vain que la mauvaise humeur se revolte souvent contre le goût general de la Cour; l'éducation des Grands-Seigneurs leur donne toujours quelque chose de plus qu'à la plûpart des autres hommes; & quoyqu'ils ne soient pas tous également profonds dans les beaux Arts & dans les sciences, leurs lumieres éclairent souvent les autres. D'ailleurs, l'usage du beau monde, l'habitude de voir tout ce qui est excellent, les Maîtres choisis & chargez de les instruire dés leur plus tendre jeunesse, tout cela forme en general dans le moins heureux naturel, une espece de goût dont il est bon quelquefois de sçavoir profiter sur ce qui regarde la bienseance, le noble, le grand, & le gracieux.

C'est faute de bien sentir les beautez de la pure nature que l'on a recours aux ornements étrangers pour donner de la grace à ses ouvrages; car il est aisé de tomber dans le défaut de ce Peintre Grec, qui ayant peint une Helene, l'avoit tellement ornée de pierreries, qu'Apelle à qui il la faisoit voir, fut obligé de lui dire; n'ayant pû la faire belle, vous n'avez pas manqué de la faire riche. Je sçay, cependant, que les richesses & la varieté des étoffes font un effet agreable & gracieux quand elles sont bien entenduës; qu'il est même des sujets où cette richesse est essentielle; mais il ne faut pas la prodiguer mal-à-propos : il faut même être avare des ornements, dont le trop d'abondance formant de trop petites parties, ôte cet aimable repos des yeux si necessaire au grand goût de la Peinture, de la Sculpture & de l'Architecture.

Il faut bien se garder de suivre le goût du siecle pour vouloir ajoûter des graces à la nature. Car les ornements avec lesquels on s'imagine l'embellir la defigurent tellement qu'à peine peut-on la reconnoître. C'est dans la nature elle-même qu'on doit puiser des charmes pour l'embellir encore : tout l'Art consiste à sçavoir l'aider en suivant toujours son penchant. Tout ce qui est hors d'elle ne sçauroit veritablement plaire. Un Vieillard, si j'ose le dire, a plus de grace avec une barbe venerable, & des cheveux blancs naturels, qu'avec des cheveux postiches, bouclez & poudrez. Je dirois même, si j'osois, que les Dames sont mille fois plus gracieuses avec leur teint naturel, qu'avec tout l'art & les couleurs qu'elles prodiguent, pour peindre leurs visages, & qui desesperent les Peintres qui sont obligez de les imiter pour leur plaire. Que les anciens Peintres étoient heureux! la nature s'offroit toujours à leurs yeux avec ses plus naïves beautez; ils n'avoient qu'à la voir, & à l'imiter. Nous ne pouvons pas la suivre fidélement, parce que nous ne la voyons que contrefaite & masquée. Cependant notre objet est de l'imiter. Cela est triste.

Les graces doivent generalement se répandre dans toutes les parties de la Peinture; c'est-à-dire, elles doivent entrer dans la composition; dans les caracteres, ou les passions; dans le dessein, la couleur & l'execution du Pinceau.

Dans

Dans un sujet naturellement gracieux par luy-même, il faut que l'invention introduise des objets qui soient de nature à soutenir la grace par la force, afin d'éviter la fadeur où ces sortes de sujets entraînent facilement : ainsi par un contraste aimable, & cependant convenable au caractere du sujet, on peut jetter une varieté dans l'ouvrage qui en augmente les agréments sans en détruire l'unité ; comme, par exemple, on peut opposer aux plus aimables Nymphes, des Faunes & des Satyres qui sont assez laids pour faire du contraste ; mais dont la laideur enjoüée ne laisse pas d'avoir, pour ainsi dire, une sorte de grace. Ce principe qui vient de l'invention, contribuë infiniment à l'excellence de la composition, dans laquelle il faut songer, qu'il est dans la forme des groupes une espece d'élegance, de tour spirituel & gracieux que le goût fait sentir, & dont l'on ne peut presque donner de regles ; c'est ce talent brillant & gracieux, répandu dans les grands ouvrages de Pietro de Cortone, qui fait dire souvent aux Italiens, que si Raphaël étoit venu de son tems, il auroit sçû profiter de la vuë de ses ouvrages, comme il avoit fait de ceux de Michel-Ange pour le terrible & le grand. En effet, il auroit peut-être plus interrompu la forme de ses groupes dans la gloire de sa fameuse dispute du S. Sacrement, sans en ôter cependant le caractere d'arrangement qui en forme la grandeur & la majesté. Car c'est dans le plus ou le moins que consiste souvent toute la perfection.

Les compositions du Lanfrac portent encore cet aimable caractere ; & celles du Cavalier Bernin, brillent par tout de ce feu plein de graces, principalement quand il a joint avec tant de succés les charmes de la Sculpture à ceux de l'Architecture.

Si l'envie mal assoupie, & la fausse prévention permettoient de dire par avance d'un moderne, même François, ce que la posterité en publiera sans doute, je dirois que le Brun dans ses grands ouvrages a fait voir qu'il possedoit au suprême degré cette partie de la composition : je dirois même que dans ses airs de tête, & dans tout ce qui regarde le dessein, il a sçû joindre le gracieux regulier à la noblesse & la majesté. Peut-être auroit-il pû varier davantage, mais on passe volontiers ce défaut aux Anciens ; & il semble qu'on doit le luy pardonner, d'autant plus qu'il est rare de joindre, comme il a fait, un esprit gracieux, juste, doux & temperé, à l'impétuosité qui l'entraînoit dans des sujets d'action & de fureur, tels que sont ses fameuses batailles. Je me laisse, peut-être, entraîner moi-même au goût du panégyrique ; mais outre que la memoire de ce grand Homme m'est encore précieuse, je crois que son merite éclatant peut me justifier. Le rang qu'il a tenu dans cette celebre Compagnie ; l'honneur de la Nation devroit même engager une plume plus convenable que la mienne ; je veux dire celle de Monsieur le Secretaire, à rouvrir en sa faveur la carriere, dans laquelle un des Conseillers amateurs de cette Académie vient de se distinguer par l'eloquent éloge funebre d'une Dame, dont les talents connus font honneur à son sexe ; & à laquelle tous les Peintres en general, de quelque secte different qu'ils soient, rendent également justice. Mais pour ne pas abandonner entierement notre sujet, continuons de dire que le Brun qui s'est distingué dans les passions & les caracteres, s'est bien gardé, pour vouloir leur donner de la grace, d'adoucir ce qui ne doit pas l'être : car la grace d'un Heros, loin d'être effeminée, consiste dans une noblesse mâle & vigoureuse. La grace d'un Soldat est dans la fierté, quelquefois dans la ferocité. Qu'il seroit beau pour vouloir donner dans le gracieux de peindre Mars auprés de Venus comme un Amant doucereux, avec des cheveux sortant des papillottes : de peindre des satyres tendrement passionnez, comme les plus aimables Bergers ! Leur caractere en amour doit être different. Il faut cependant éviter sur-tout les obscenitez. Il est fâcheux de produire de beaux ouvrages que l'on n'ose souvent faire paroître, & encore moins avoüer.

La grace du dessein dépend beaucoup du choix des attitudes, & du tour heureux qu'on leur donne. Elle consiste aussi dans l'elegance des contours; mais c'est ce qui est difficile à déterminer, & dont l'on ne peut presque donner de regles certaines. Elle n'a aucun rapport avec la justesse & la correction. Car un ouvrage a beau être correct pour les contours, s'il y manque cette grace qui ne se trouve pas toujours dans la nature que l'on a devant les yeux, il devient insipide. Ce n'est point une operation de la main ; elle est toute dans l'esprit & dans le goût de celuy qui travaille. Car quelquefois en passant presque sur les mêmes traits, un Dessinateur donne l'ame & la grace à des contours inanimez & desagreables. Les illustres Professeurs de cette Académie l'ont, sans doute, éprouvé plus d'une fois en corrigeant les Etudians.

Ce n'est pas toujours assez que le coloris soit vray, pour être gracieux, il faut choisir dans la verité ce qui est le plus aimable, & prendre son ton selon les sujets que l'on traite, & les lieux où l'on peint. Le coloris fier, fort & vigoureux du Gorgion, quelque aimable qu'il soit, ne conviendroit pas à des plafonds de sujets gracieux qui demandent du vague & du lumineux.

Le Titien a sçû tenir un milieu convenable, remply de graces infinies, tant par le choix de la verité, que par les douceurs de son harmonie.

Les coloris du Corrége a du naturel & du delicat. Il a jetté des transparents gracieux dans ses objets éclairez de reflets, qui joints à un relief étonnant, & à une suavité charmante, découvrent à la fois toutes les graces du coloris & du Pinceau.

Mais n'en imitez pas par un esprit bizare
Les caprices outrez où sa verve s'egare.

[Soixante-unième & soixante-deuxième vers de l'Epitre.]

SI j'attaque icy ce que je crois condamnable dans le Corrége, c'est parce que les fautes qui sont échappées aux grands Hommes, sont plus capables que les autres de nous corriger de nos erreurs : Elles nous frappent plus vivement, & peuvent nous dépoüiller de l'amour propre qui nous ôte cette docilité qui nous fait profiter des avis salutaires que l'on peut nous donner. Il est aussi necessaire de faire remarquer leurs fautes pour les éviter, que de proposer leurs grands talents pour exemple.

Le respect que l'on a pour les morts ne doit pas nous aveugler au point de croire qu'ils ont été incapables d'erreur. Ce n'est pas la reputation qui fait le merite de l'ouvrage, mais c'est le merite de l'ouvrage qui doit faire la reputation; & je voudrois que les Curieux s'attachassent plûtôt à remarquer le bon & le mauvais, que de s'occuper uniquement à reconnoître les noms, le caractere & l'original : car la plûpart n'osent loüer ni blâmer sans avoir pris auparavant cette précaution qui les détermine.

Le grand, la grace, le naïf, & le charmant pinceau du Corrége sont les parties que nous devons puiser dans ce grand Peintre; mais il ne faut pas pour cela admirer ny suivre ses attitudes quelquefois outrées dans des figures peu correctes & mal ensemble, ni la confusion qu'il a souvent jettée dans les grouppes. La coupole qu'il a peinte à Parme en est un exemple. Dans le tems qu'il vivoit, les hommes jugeoient avec la même prévention qu'ils jugent encore, & ne regardoient dans les modernes que ce qui leur paroissoit condamnable, sans daigner jetter les yeux sur ce qui pouvoit meriter des loüanges ; & par cet étrange abus, la coupole du Corrége fut tellement décriée par ses défauts, que l'on fût prêt à la faire abbattre sans aucune attention aux rares beautez qui l'ont fait tant admirer depuis. Oüy, Messieurs, l'on fût prêt à détruire un Ouvrage qui a comme formé les Caraches, & tant de grands Hommes qui ont sçû puiser dans cette source le grand, le gracieux, & cette suavité que l'on ne trouve point ailleurs.

Tout le monde sçait que le Titien passant à Parme à la suite de Charles-Quint, empêcha que cet ouvrage admirable ne fût abbatu. Comme il le regardoit un jour avec grande attention, un des principaux chefs de cette Eglise s'approcha de lui, & lui dit qu'il voyoit-là un galimathias de peinture qui ne meritoit pas ses regards, mais que l'on alloit incessamment l'effacer. Le Titien surpris, luy répondit ; Gardez-vous-en bien : Si je n'étois pas le Titien, je voudrois être le Corrége.

Je ne prétends pas icy faire le parallelle du Titien & du Corrége ; ils pouvoient bien se disputer le pas pour le merite ; mais la réputation du Titien étoit établie ; & il étoit d'ailleurs en place, favorisé par un grand Empereur ; & le Corrége peu connu, n'avoit pour luy que son merite : foible ressource pour prévenir les hommes quand la fortune ne vient point au secours. Je ne puis m'empêcher de me détourner icy de mon sujet pour donner au Titien les loüanges qui lui sont dûës en cette occasion. Quelle gloire pour un homme en place de faire sortir des tenebres & peut-être des mains de l'envie, un merite que la bizarrerie du sort n'a point encore sçû mettre au jour ! action d'autant plus digne de loüanges, qu'elle est plus opposée à l'usage ordinaire, & à la politique que l'interêt & l'amour propre n'autorisent que trop dans l'esprit des personnes les plus estimables d'ailleurs !

Je reviens donc à mon sujet, & je hazarde de conclure qu'il est d'autant plus necessaire de faire remarquer les fautes dans les grands Hommes, que souvent elles servent d'autorité à ceux qui ne sçavent les imiter que par leurs fautes : sur tout, les choses bizarrement hazardées servant de regles aux imaginations déja déreglées, elles les entraînent, en les flattant, dans des précipices dont elles ne peuvent plus se retirer ; & l'on ne prend que trop souvent pour Enthousiasme pittoresque, ce qui raisonnablement se pourroit appeller espece de folie. C'est ce qui a fait croire mal-à-propos à bien des gens qu'elle étoit un peu necessaire à la Peinture & à la Poësie.

Horace s'en plaint agreablement, lorsqu'il dit que puisque la folie suffit pour être Poëte, il est bien sot de se faire purger la bile au commencement de tous les Printemps ; puisqu'en conservant cette bile, il pourroit à la fin, en faire un amas qui lui donneroit ce degré de folie si necessaire pour être bon Poëte.

Du fameux Titien le coloris charmant
Dans ses tableaux exquis est un enchantement.

<small>Soixante-trois & soixante-quatriéme vers de l'Epitre.</small>

JE me souviens encore des tems où les Ecoles de peinture retentissoient de ces fameuses disputes, dans lesquelles les uns cherchoient à détruire les charmes du coloris en faveur du dessein, & les autres passionnez pour le coloris, marquoient tant de mépris pour les solides beautez du dessein. Les Disciples entroient dans la querelle de leurs Maîtres, & fouloient aux pieds les ouvrages de ceux qu'ils croyoient opposez à leur sentiment ; & l'on voyoit distribuer des satyres qui en attaquant le sçavoir des uns, déchiroient même jusqu'à leurs personnes. Dans cette guerre pittoresque, les uns arboroient l'étendart de Rubens, les autres celui du Poussin. Tandis que les partisans de Rubens accabloient le Poussin d'injures, les adorateurs du Poussin traitoient Rubens avec indignité. Mais quoyque ces deux grands Peintres fussent les seules divinitez que l'on paroissoit adorer, l'amour propre & l'envie faisoient tout agir. J'étois fort jeune alors, & ne connoissant point la malignité des Cabales, comme je l'ay mieux connuë depuis, je ne pouvois comprendre comment on vouloit détruire une partie, pour en faire valoir une autre ; c'est vouloir, disois-je à mes jeunes amis, suivre le conseil de Toinette dans le malade imaginaire : c'est se vouloir faire couper un bras, afin que l'autre se porte mieux ; & se faire crever un œil, pour voir plus clair de l'autre. Il est vray, disois-je, qu'un tableau ne peut être parfait sans coloris ; mais comment veut-on que le coloris subsiste sans le dessein ?

En effet la lumiere qui fait paroître la couleur, ne la fait voir que sur des corps déja formez. Sans la lumiere je ne puis sçavoir si un arbre est vert ; mais je puis sentir dans l'obscurité même de quelle grosseur & de quelle forme il est. Ainsi le dessein étant la forme des objets, il est le fondement & la base de la peinture : Il peut subsister sans coloris ; & le coloris ne peut subsister sans le dessein ; c'est-à-dire sans la forme des objets. Car quoyque dans la nature la lumiere & la couleur soient inseparables ; que par tout où il y a de la lumiere, il y ait aussi de la couleur, il ne laisse pas d'être vray qu'un simple dessein peut être entendu de clair-obscur sans le secours du coloris ; & la seule intelligence des degrez d'ombres & de lumieres, seduit tellement, que les yeux abusez croyent voir quelquefois dans de simples desseins le coloris qui n'y est pas. Les desseins du Titien & de Rubens en font foy, aussi bien que les estampes bien entenduës par le clair & l'obscur : car en Peinture le blanc & le noir ne sont point

point des couleurs : l'un fert à reprefenter la lumiere, & l'autre, l'obfcurité & les ombres.

Suppofons donc que le clair-obfcur, que je prétends être une partie du deffein, foit bien difpofé : la principale partie du coloris eft certainement de donner à chaque objet fa veritable couleur, & c'eft ce qu'on appelle couleur locale ; mais cette couleur locale change dans la nature felon le caractere de la lumiere qui éclaire les objets, felon les lieux où ils fe trouvent placez, & le ton, qui convient en un endroit, & qui ne convient pas toujours dans un autre.

Le grand Art eft d'imiter exactement la nature, & de faire paroître un objet par la comparaifon d'un autre en oppofant des couleurs les unes aux autres, qui fe faifant valoir reciproquement, augmentent toujours la force, le vray, & l'harmonie de l'ouvrage. Mais cet Art merveilleux dépend non-feulement d'un raifonnement continuel, mais d'un goût & d'un fentiment exquis qui naît, pour ainfi dire, avec nous, & fe fortifie par la vuë des belles chofes. Cet Art, dis-je, eft une efpece de magie que fi peu de gens ont penetrée, qu'il femble qu'elle ait été refervée au feul Titien & à fon Ecole.

Il ne faut pas cependant s'imaginer que l'effet de la couleur locale foit refervé, comme un fecret myfterieux, à un certain petit nombre de perfonnes qui croyent feuls avoir le droit d'en juger. Comme cet effet roule fur l'imitation de la nature, il doit être pour tous les hommes. Je parle de l'effet, & ne prétends pas parler de l'Art ; car de cet Art, il n'y a guéres que les Maîtres confommez qui en puiffent rendre compte.

Je dis donc que tout homme qui a des yeux, doit connoître & sentir, par exemple, si dans l'imitation, qui est la fin que se propose le Peintre, la chair imite la couleur de la chair ; si le linge imite le linge ; si la terre ressemble à la terre ; ainsi de tous les autres objets visibles de la nature. On pourroit même quelquefois sur cela s'en rapporter plûtôt à ceux que le seul sentiment naturel conduit, qu'à beaucoup d'autres à qui l'habitude ou la prévention ont mis un voile devant les yeux.

Cette prévention va quelquefois si loin, que l'on a vû souvent des personnes se dépoüiller mal à propos de leurs lumieres naturelles, pour suivre les préjugez de ceux à qui l'habitude sert de regle, & l'autorité de raison.

Ainsi, sans examiner les veritables principes qui doivent toûjours être fondez sur la nature & sur la raison, les uns ayant ouy dire par les partisans du Gorgion qu'il possede seul l'Art du coloris ; & n'ayant peut-être vû de ce grand Maître que des Tableaux dont le ton fort & vigoureux convenoit aux sujets qu'il a traitez, & au coloris naturel des pays qu'il a representez, croyent que tout ce qui n'est pas d'un goût brûlé, peche par le coloris. D'autres prévenus en faveur des seuls Tableaux de Rubens, où ce Peintre celebre a fait en clair par les mêmes principes, ce que le Gorgion a fait en brun, en imitant également la nature de son pays ; ceux-là, dis-je, n'estimant que le vague, croyent que tout ce qui est fort est outré, sans examiner ni les lieux, ni les sujets où ces differents caracteres conviennent. Il faut choisir en tout le ton convenable, & le suivre de maniere qu'il en resulte une harmonie parfaite, en imprimant à chaque objet son veritable caractere. Je crois cependant que la maniere forte en general est la plus avantageuse par le grand relief qu'elle produit dans un ouvrage. Quand je dis fort, je ne veux pas dire noir ; car le noir est tres-pernicieux, & quoyque dur, il est aussi fade que le blanc: mais quelque ton vigoureux que l'on ose prendre, la force ne peut subsister sans la suavité que la nature nous presente toujours aux yeux.

Plus il entre de parties differentes dans un chœur de musique, plus l'harmonie en est parfaite. Plus il entre de tons de couleurs variées dans la machine d'un Tableau, plus il devient harmonieux. Si chaque partie qui compose un chœur de musique, chante bien, l'harmonie du tout ensemble augmente infiniment. Plus les parties qui composent un tableau sont belles & recherchées, plus le tout ensemble devient parfait.

Jeunes Etudians, à qui je parle, ne vous laissez jamais persuader qu'une grande machine puisse subsister, quand les mouvemens qui la composent ou qui la font agir, seront defectueux. Ne vous negligez donc jamais dans la soigneuse recherche du coloris ; & puisez-la toujours dans l'exacte imitation de la nature: Tâchez, à l'exemple du Titien, d'exprimer toutes les beautez qu'elle vous presente ; mais unissez de maniere les mutations innombrables de ses couleurs, que les masses n'en soient jamais alterées. Evitez sur tout la secheresse que peut donner l'exactitude ; & que tous les soins de votre Art soient cachez, pour ainsi dire, par un Art superieur.

Ce n'est point par deux ou trois couleurs tranchées & retirées avec du noir, que dans les grands ouvrages même on conserve des masses; c'est par l'intelligence des jours & des ombres, & par la suavité des couleurs que l'on produit le plus grand effet. La Coupe du Corrège que j'ay copiée & vuë de fort prés, est moëleuse & recherchée comme un Tableau de Chevalet, & prouve, aussi-bien que les ouvrages des autres grands Maîtres d'Italie, la verité que j'avance. Si l'on me veut opposer le Tintoret, dont les ouvrages trop negligez servent quelquefois de dangereuse autorité, je répondray ce qu'Annibal Carache écrivit à Loüis son cousin: ce grand Peintre dit qu'il avoit vû des ouvrages du Tintoret qui étoient tantôt au-dessus du Titien, & tantôt fort au-dessous du rien. Cependant dans les choses les moins travaillées qui sont sorties de son pinceau, il a toujours évité les duretez & les secheresses par une merveilleuse intelligence des passages doux & harmonieux.

Il faut que le mêlange des tons & des couleurs soit comme celui de l'Arc-en-ciel; il est varié de mille manieres differentes; mais les passages en sont si doux & si imperceptibles que ce qui se touche ne paroît qu'un, & que le tout forme une harmonie aimable qui enchante les yeux. Le sens de la vûë, aussi-bien que tous les autres, ne peut supporter les extrémitez contraires. En Peinture comme en Musique, un ton en demande toujours un autre. Les yeux ne sçauroient regarder sans peine un bel azur auprés d'un âpre vermillon; & l'on ne se doit servir de ces extrémitez contraires que comme les grands Musiciens se servent de dissonnances ou fausses relations que l'on souffre en musique pour faire goûter plus agréablement la douceur des accords parfaits. Ces duretez même peuvent contribuer quelquefois à faire un grand effet, & forcer les yeux par une certaine violence de s'attacher à des endroits particuliers du Tableau où l'on veut les attirer. Cette âpreté peut encore contribuer quelquefois à la force de l'expression ; mais il faut beaucoup d'art pour la placer à propos, & tâcher toujours de sauver adroitement cet étrange excez par quelque petit passage industrieusement ménagé.

Quoyque la lumiere du Soleil, ou telle autre que ce puisse être, ne produise pas réellement la couleur, elle ne laisse pas de la changer d'une façon ou d'une autre. Le Soleil la rend plus jaunâtre ; la Lune plus blanche ; les feux plus rougeâtre. D'ailleurs les couleurs des objets qui en refléchissent d'autres, en rompent necessairement le veritable caractere ; & ce sont ces accidens biens ménagez qui produisent cette belle harmonie si necessaire dans un Tableau. Quel effet ne peut-on pas attendre de la multitude innombrable des combinaisons de couleurs, puisqu'elle surpasse de beaucoup celles des notes de la musique, & même des lettres de l'Alphabet ? Quand ces combinaisons sont jointes aux differents degrez des lumieres & des ombres, elles produisent un effet si séduisant aux yeux, que l'on y sacrifie quelquefois trop aisément les autres parties de la Peinture.

Gardons-nous cependant de croire que tout le merite de ce bel Art consiste dans cette seule partie d'harmonie ; car il est dangereux de negliger les autres, pour s'abandonner uniquement à celle-là. La perfection d'un

Tableau n'est pas seulement dans un coup d'œil agréable, qui cependant y doit être absolument ; il faut joindre encore à ce charme d'autres beautez solides, qui occupent & arrêtent long-temps ; & qui frappant fortement l'esprit & le cœur, fassent souhaiter de revoir souvent ce que l'on a déja vû plus d'une fois.

Quand l'on peut dans le même ouvrage, tantôt par des couleurs douces & liées, tantôt par des oppositions hardies & vigoureuses, embrasser, pour ainsi dire, tous les tons de la Peinture ensemble, l'ouvrage fait un effet prodigieux. Les plafonds doivent être peints d'une maniere vague & lumineuse pour percer : cela n'empêche pas cependant que lorsque la voûte est assez élevée, l'on n'y puisse introduire avec art des objets forts & vigoureux, qui paroissant descendre à vos yeux, aident à faire élever & fuïr les autres successivement, de maniere que la voûte naturelle ne paroisse plus ce qu'elle est veritablement par sa construction. Les deux veritables guides que l'on doit suivre en l'Art de colorier sont le Gorgion & le Titien. L'un est semblable à ces eaux vives & jaillissantes, qui secouruës par l'art, s'élevent avec impetuosité dans les airs ; & l'autre, à ces fontaines aimables, qui embellies par la simple nature, coulent avec un murmure agréable au milieu des prez & des fleurs, sans abandonner leur cours naturel.

Il est donc vray de dire que la veritable idée que nous devons avoir de la Peinture doit ressembler à celle qu'Horace donne de la grande Poësie, lorsqu'il dit que le Poëme doit être comme un beau fleuve qui coule également avec force & pureté. Cependant pour donner plus de force & de relief, & reparer ce que la superficie platte d'une toile, & la distance de la vûë font perdre, je crois que l'on peut s'élever au-dessus de la nature même, en exagerant, ou diminuant, selon l'occasion, les couleurs qu'elle présente aux yeux ; & de même que Michel-Ange fondé sur une profonde connoissance de l'Anatomie, a souvent exageré ses contours, en relevant quelquefois des muscles, & les rendant plus fiers & plus grands que la nature ne les représente ordinairement. De même un grand Maître dans l'art de colorier, sur tout dans les grands ouvrages, peut encherir sur l'éclat des couleurs : il peut quelquefois, mais toujours sagement, augmenter leur vivacité aux endroits où la lumiere frappe le plus, & quelquefois pour donner un plus grand relief, rendre les reflets plus sensibles, en opposant aux masses des ombres, des objets dont la lumiere & la couleur puissent les autoriser. Les ombres rousses & fortes, mises à propos, réveillent l'ouvrage & lui donnent la vie. Il faut avoir attention que les couleurs les plus brunes & les plus fortes qui sont sur la palette, & que l'on employe sur une toile, sont toujours éclairées par la lumiere naturelle, & que les extrémes ombres de la nature qu'on veut imiter, en sont absolument privées. Par exemple, un habit noir est précisément comme le noir de la palette ; mais il a des ombres où la Peinture ne peut atteindre. Il en est de même de l'éclat de la lumiere à laquelle l'art ne sçauroit arriver. Chacun peut là-dessus faire ses réflexions & en tirer d'utiles consequences.

De même qu'un grand Dessinateur ne se contente pas de donner les proportions convenables au corps humain, & qu'il cherche à l'embellir par des graces & par l'excellence du goût, en choisissant dans la nature non-seulement ce qu'elle a de plus beau, mais aussi ce qu'elle peut produire de plus excellent ; de même un grand coloriste doit faire le choix des couleurs les plus propres à l'effet de son ouvrage : il doit non-seulement rendre ses objets naturels, mais il doit encore les rendre gracieux, aimables & convenables, tant par rapport à l'harmonie & à l'union du tout ensemble, qu'au caractere du sujet & à l'expression des passions. Il faut prendre, comme les Musiciens, un mode qui convienne au sujet, & en exprimer par le coup d'œil le veritable caractere, soit de joye, soit d'horreur ou de tristesse. Car non-seulement le coloris a sa justesse & sa correction aussi-bien que le dessein, mais il a aussi la force d'exprimer les passions, tant par le tout ensemble, que par les objets particuliers. Horace appelle couleurs, les differens stiles, par une métaphore tirée de la Peinture.

Il faut donc conclure que les ouvrages n'étant parfaits qu'autant qu'ils approchent de leur fin, & que la fin de la Peinture étant l'imitation, elle doit sa perfection entiere au coloris qui a, comme les autres parties de ce bel Art, ses regles & ses preceptes ; mais la raison du precepte devient inutile, si le génie & le goût ne fournissent les moyens de le mettre en usage. Pour moy, dit Horace, je ne vois point ce que peut l'Art sans le naturel, ni le naturel sans l'Art : ils ont tous deux besoin du secours l'un de l'autre, & doivent être toujours étroitement unis. Hé ! qu'il est rare de trouver de ces génies étendus, vastes & sublimes, qui laissant aux autres le soin de ramasser des regles, sçavent les exécuter sans avoir jamais pris la peine de les connoître & de chercher à s'en instruire.

En

En effet, la voix du précepte est importune & fatiguante à écouter. La balance où se pese le bon & le mauvais, fait souffrir la complaisance ordinaire que nous avons ordinairement pour nous-mêmes, & détruit trop cruellement les coupables éloges qu'on nous adresse.

Pour moy, MESSIEURS, qui ne sçay qu'admirer dans les autres l'exécution de ces mêmes regles que je declare ne proposer icy qu'aux Etudians de cette illustre Academie, je finiray cette remarque par ce mot que Plutarque attribuë à Socrate, qui étant interrogé comment il se pouvoit faire que sans éloquence, il rendît les autres éloquents, répondit; Les pierres à éguiser ne coupent pas elles-mêmes, mais elles rendent le fer capable de couper.

Le dessein elegant de l'antique Sculpture, Joint aux effets naifs que fournit la nature.

Quatre-vingt-neu & quatre-vingt-dixiéme vers de l'Epitre.

LEs Ouvrages de Sculpture les plus respectables, sont ceux qui ont esté faits depuis la guerre du Peloponése, jusqu'à la décadence de l'Empire Romain. On sçait que la Peinture & la Sculpture parurent d'abord chez les Egyptiens, & passerent ensuite chez les Grecs, qui par la superiorité de leur génie, leur application à l'étude, & les glorieuses récompenses dont on les honoroit, porterent ces deux Arts à une perfection à laquelle les siécles suivans, & les autres Nations, semblent n'avoir jamais pû atteindre. Cela ne devroit-il pas nous apprendre à ne point décider de la bonté des ouvrages, ni sur ce qu'ils sont anciens, ni sur ce qu'ils sont modernes? Car les Egyptiens estoient les anciens des Grecs qui leur ont efté Superieurs en capacité; & les Grecs ont efté les Anciens des Romains, qui leur ont efté Inferieurs.

Il eft de l'équité d'eftimer & d'applaudir au mérite prefent, comme d'admirer & de refpecter les grands Hommes dont les ouvrages par une longue fuite de tems, ont été confacrez à la pofterité.

J'admire les Anciens, dit Pline le jeune; mais je ne fuis pas de ceux qui méprifent les modernes. Je ne puis croire que la nature épuifée & fterile, ne produife plus rien de bon.

Si tout le monde s'en tenoit à cette fage décifion, & que l'efprit en fe dépoüillant des préventions qui l'aveuglent fouvent, pût fe rendre capable d'envifager la verité, on ne tomberoit point dans ces excez qui font que les uns ne péfent le mérite des ouvrages que par l'ancienneté; & que les autres par une affection trop vive pour les modernes, pour leur amis; peut-être, pour eux-mêmes, negligent les talents qui les diftinguent dès leur vivant, pour faire la guerre à d'illuftres morts; groffiffent avec aigreur les moindres défauts qui peuvent s'y rencontrer, ou qu'ils croyent y trouver, & paffent legerement fur de grandes beautez que le bon goût, la raifon, l'experience même de plufieurs fiecles autorifent, & qui font les mêmes qui font ordinairement le fuccez des ouvrages de ceux qui les méprifent. En effet, ne voyons-nous pas tous les jours que les mêmes traits qui ont le plus frappé les hommes dans les ouvrages des modernes, font ceux mêmes qui ont fait admirer les chefs-d'œuvres des grands Maîtres de l'antiquité? car le bon fens & la raison sont de tous les siecles, & de tous les tems; & la verité ne doit être qu'une.

N'est-il pas vray qu'un Peintre qui veut se perfectionner dans son Art, doit se proposer pour modéles les plus grands Maîtres anciens, les étudier, & les imiter chacun dans les parties qui les ont le plus distinguez, & toujours par rapport à la nature & à la raison?

Peut-on se rendre parfait dans le coloris, soit par l'imitation particuliere des objets de la nature, ou par l'harmonie generale, la force, la douceur, & la suavité, sans avoir du rapport au goût du Titien, & à celui du Giorgion, aux principes duquel vous vous conformez encore, aussi-bien qu'à ceux du Corrége, si vous voulez jetter dans vos ouvrages le relief & la rondeur que l'on voit dans ceux de ces grands Hommes?

Vous ne dessinerez pas correctement, avec élegance & pureté, sans avoir quelque ressemblance au dessein du Poussin, du Dominicain, de Raphaël, & sur tout de l'Antique.

Le grand goût de ce même dessein ne s'éloignera pas du goût des Caraches, du Corrége, & de Michel-Ange.

La noblesse, la simplicité, la varieté des caracteres, la finesse, la justesse des expressions, & les idées sages & sublimes, vous rappelleront encore les manieres de penser du Poussin, du Dominicain, & sur-tout du divin Raphaël. Si vous voulez qu'on vante votre goût de draper, il ne sortira point de celui de ce même Raphaël, & de celui du Guide & du Corrége.

Si vous voulez jetter de la grace dans vos ouvrages, tantôt vous rappellerez le tour du Corrége & du Parmesan, tantôt les beautez régulieres de Raphaël, & les charmes touchants du Guide.

Dans l'intelligence du clair-obscur, & l'effet du tout-ensemble, vous donnerez le coup d'œil de Rubens, de Vandeic, ou de Rimbrant.

De même, dans la composition, la beauté du pinceau & toutes les autres parties de la peinture, si vous vous y rendez celebre, vous ne vous éloignerez pas de quelque grand Maître qui vous aura precedé, & dont vous aurez dû tirer des lumieres, & former votre goût.

Nous devons donc non-seulement être fort retenus en décidant sur les ouvrages des grands Hommes anciens, parce que leur memoire est consacrée; mais, si je l'ose dire, par une sorte de reconnoissance, nous les devons regarder comme d'anciens amis qui nous ont fait part de leurs biens, & qui nous ont conduit dans nos études. Or dans le commerce de l'amitié il ne suffit pas de rendre, on doit du retour à ceux qui nous ont fait plaisir; & le devoir exige qu'on passe à ses amis quelques défauts en faveur de leurs bonnes qualitez; & il faut avoüer que si les Anciens qu'on admire, ont quelques défauts, comme il est vray de le dire, leurs excellentes qualitez l'emportent de beaucoup.

Est-il naturel de croire que des hommes respectez depuis tant de siecles, qui ont été imitez & admirez par tant d'autres hommes dignes d'admiration, qui les ont reverez comme leurs Maîtres, ne soient pas dignes de nos loüanges & de nos applaudissemens ? N'est-ce point trop hazarder, que d'oser attaquer seuls tant de redoutables adversaires ? pour moi, je crois que quand on devroit même tomber dans quelques excez, il seroit plus pardonnable de s'égarer avec une illustre multitude, que de risquer à marcher seul dans des routes peu frayées.

Si l'on jugeoit toujours par principe & par goût, plutôt que par entêtement, on trouveroit sans doute un milieu raisonnable qui nous éloigneroit également des deux extrêmitez contraires. Car si les uns attaquent avec trop de chaleur le mérite des Anciens, les autres marquent un mépris trop grand pour les Modernes.

L'on vante, & l'on condamne souvent ce qu'on ne connoît pas. Les ignorans prévenus admirent les anciens, parce qu'ils sont anciens : Les connoisseurs les estiment, parce qu'ils sont estimables, & ne les admirent pas tous. Les ignorans méprisent les modernes, & les méprisent tous, parce qu'ils sont modernes. Les connoisseurs estiment les modernes quand ils sont estimables ; & les méprisent quand ils sont dignes de mépris. Mais l'antiquité est plus aisée à connoître que la beauté.

Ce qui nous détermine à juger d'une maniere ou d'une autre, c'est la prévention que l'on a imprimée dans notre esprit & dans notre jeunesse, par notre éducation. C'est la source la plus féconde de nos erreurs & de nos illusions. Il est vray qu'ayant été élevez dès l'enfance à étudier avec respect certains Auteurs anciens, nous nous sommes accoûtumez à les admirer en tout, & à croire que rien ne pourra jamais les égaler, avant même que nous ayons été à portée de les connoître ; & cette prévention produite dans l'esprit des hommes par la même cause, devenant presque generale, on se nourrit du sentiment du plus grand nombre, & on s'y soumet plus respectueusement qu'à la force de la raison.

La plûpart des hommes sont en quelque sorte semblables à ces petites figures de bois dont les Peintres se servent pour ajuster leurs draperies : Ils agissent moins par leurs mouvemens naturels, que par des ressorts étrangers ; c'est ce qui fait que sur la foy d'autruy, on sacrifie generalement tous les Modernes au respect & à la veneration que l'on a generalement pour tous les Anciens.

Les morts doivent encore une partie des éloges que l'on outre en leur faveur, à la secrete jalousie que l'on a pour les vivants, à qui l'on ne pardonne jamais la moindre erreur, & pour lesquels on affecte toujours une maligne délicatesse dans l'examen que l'on fait de leurs ouvrages.

Voyez ce que dit sur ce sujet l'Horace de nos jours, cet admirateur zelé des Anciens, qui les a si heureusement imité, quelquefois même égalé.

Si-tôt que d'Apollon un génie inspiré,
Trouve loin du vulgaire un chemin ignoré,
En cent lieux contre lui les cabales s'amassent ;
Ses rivaux obscurcis, autour de lui croassent ;
Et son trop de lumiere, importunant les yeux,
De ses propres amis, lui fait des envieux.
La mort seule icy-bas, en terminant sa vie,

Peut calmer sur son nom l'injustice & l'envie;
Faire au poids du bon sens peser tous ses écrits,
Et donner à ses vers leur légitime prix.
Avant qu'un peu de terre obtenu par priere,
Pour jamais sous la tombe eût enfermé Moliere,
Mille de ses beaux traits aujourd'hui si vantez,
Furent des sots esprits à nos yeux rebutez.
L'ingnorance & l'erreur à ses naissantes pieces,
En habits de Marquis, en robes de Comtesses,
Venoient pour diffamer son chef-d'œuvre nouveau,
Et secouoient la tête à l'endroit le plus beau.
Le Commandeur vouloit la Scene plus exacte.
Le Vicomte indigné sortoit au second Acte.
L'un deffenseur zelé des bigots mis en jeu,
Pour prix de ses bons mots, le condamnoit au feu.
L'autre fougueux Marquis, lui déclarant la guerre,
Vouloit vanger la Cour immolée au parterre.
Mais si-tôt que d'un trait de ses fatales mains,
La Parque l'eût rayé du nombre des humains,
On reconnut le prix de sa muse éclipsée, &c.

Les Anciens que nous admirons le plus à présent, & qu'on ne peut effectivement trop respecter, se sont plaints eux-mêmes en mille occasions de cette injustice qu'on leur faisoit de leur tems.

Horace, dans une Epitre à Auguste, lui dit que le même Heros qui a défait l'Hydre, & surmonté tous les Monstres que ses destinées lui opposoient, a trouvé que l'envie ne pouvoit être domptée que par la mort; il ajoûte, en parlant à ce Prince : Vo- " tre peuple qui est si juste & si sage en ce qu'il vous "

„ préfere à tous les Heros Grecs & Romains, ne juge
„ pas avec la même équité de tout le reste. Car il a du
„ mépris & de la haine generalement pour tout ce qui
„ n'est pas mort. Il dit, dans un autre endroit : S'il en
„ est des ouvrages comme des vins que le temps rend
„ meilleurs, je voudrois bien sçavoir quel tems précise-
„ ment peut donner du prix aux nôtres. Un Auteur
„ qui est mort depuis cent ans, doit-il être mis au nom-
„ bre de ces Anciens si parfaits ? ou n'est-il encore que
„ parmi ces méchans modernes ? établissons un point fi-
„ xe sur lequel on ne puisse plus disputer. Si celui qui
„ a cent ans accomplis, est ancien & bon, celui à qui il
„ ne manque qu'un mois, ou une année pour avoir
„ cent ans complets, dans quel rang faudra-il le met-
„ tre ? Le mettra-on au rang des Anciens ? ou du nom-
„ bre de ceux qui font le mépris de notre siecle, & qui
„ le seront des siecles futurs ? Il faudroit rapporter icy
l'épitre entiere de ce grand Homme pour marquer de
quelle maniere il attaque ceux qui par un faux raison-
nement, mesurent le mérite des Auteurs par le nombre des années, & qui n'estiment rien de bon que ce
qui a été consacré par la mort. Je ne puis retenir mon
indignation, dit-il encore, quand je vois qu'on rejette
quelqu'ouvrage que ce soit, non pas parce qu'il est
grossier & sans grace; mais parce qu'il est fait depuis
peu de tems; & qu'on demande pour les Anciens au
lieu de la complaisance & de l'indulgence, des récompenses & des honneurs.

  Les hommes, selon moi, dit Pline le jeune, ne font
rien de plus injuste que de refuser leur admiration à
un homme, parce qu'il n'est pas mort, parce qu'il leur
est

est permis non-seulement de le loüer, mais de le voir, de l'entendre, de l'entretenir, de l'embrasser & de l'aimer. Je ne sçay si ce que je rapporte ici de ces fameux Anciens, n'a été dit que sur la Poësie & sur l'Eloquence. Je laisse aux gens de Lettres à l'examiner ; & n'étant ni de mon ressort, ni de ma portée, d'entrer dans la fameuse querelle qui les partagent sur le mérite des Anciens & des Modernes, je ne fais ici d'application qu'à ce qui regarde les Arts dont j'ay l'honneur de vous entretenir. Ainsi pour me remettre encore plus à la place où je dois être, je vais rappeller ici deux avantures qui regardent uniquement la Peinture & la Sculpture, & qui ne laissent pas de faire voir jusqu'où va la force de l'opinion.

Le Cardinal Farnese, qui aimoit fort Annibal Carrache, & qui l'estimoit comme s'il avoit été mort, essuyoit tous les jours des combats pour défendre son goût, & le merite de cet illustre Moderne, contre plusieurs Curieux de Rome, qui ne comprenoient pas qu'on pût estimer un homme qui respiroit encore. Ce Cardinal ne gagnant rien par les disputes, comme il arrive ordinairement, se servit de ce stratagême. Il fit faire en secret quelques Tableaux au Carrache, qui apparemment déguisa sa maniere sous l'apparence de quelqu'autre, & fit répandre le bruit qu'il attendoit quelques morceaux précieux des plus grands Maîtres anciens qui devoient incessamment arriver de divers endroits d'Italie. Le Carrache ne manqua pas de salir ses Tableaux pour les rendre respectables ; & il les fit mettre dans des caisses, comme s'ils avoient fait un voyage fort considerable. Ensuite on annonça qu'ils étoient arrivez. Les Curieux courent avec empreſſement pour les voir : on ſe les arrache des mains ; chacun leur donne des noms ſelon ſes idées & ſa connoiſſance. Les uns les admirent en les voyant ; les autres ſe récrient ſans les voir en faveur du nom qu'on leur donne ; & tous veulent faire convenir le Cardinal que ſon moderne favori peut tirer de grands ſecours pour la perfection de ſon art, en étudiant avec ſoin le goût de ces ouvrages anciens. Le Cardinal feignit de ſe rendre, & aprés s'être diverti quelque temps de leur entêtement, il ne pût ſe contraindre davantage, & leur declara que ce qu'ils mettoient ſi fort au-deſſus du Carrache, & qu'ils luy propoſoient pour l'objet de ſes études, étoit cependant ſorti des mains du Carrache même. Quelques-uns ſurpris, parurent fâchez d'avoir tant loüé, & les autres eurent beaucoup de peine à ſe le perſuader, tant il eſt difficile de ſe défaire de ſes préjugez.

Je me ſouviens d'une autre avanture à-peu-prés ſemblable, arrivée au grand Michel-Ange. Quoyque ce fameux Sculpteur eut pour l'antique le reſpect & la veneration qu'il devoit, & qu'il l'eût étudié toute ſa vie avec fruit, il connoiſſoit bien ſes forces ; il étoit homme, & ſenſible à la gloire. Il ne pouvoit ſouffrir qu'en parlant de ſes ouvrages, on les mît ſi fort au-deſſous des ſculptures des Anciens. Il imagina donc pour deſabuſer Rome entiere de faire en ſecret une Statuë en marbre d'un Amour, auquel il rompit un bras qu'il renferma dans ſon cabinet ; il mit une roüille venerable ſur la Statuë, & la fit ſecrettement enterrer ſous des ruines où il ſçavoit que l'on devoit foüiller. Ce qu'il avoit imaginé arriva ; car l'on y foüilla effectivement quelques temps aprés, & l'on fit la découverte de la Figure de marbre, qui fut regardée & admirée par les plus grands connoisseurs de Rome, comme un des plus beaux morceaux de l'antiquité.

Quelle difference entre ce chef-d'œuvre & les ouvrages de Michel-Ange, difoient les uns! Quoy qu'à la verité, fort habile homme pour un Moderne, il a encore bien du chemin à faire pour y parvenir, difoient les autres. Michel-Ange impatient eut beau dire que cependant c'étoit luy qui en étoit l'Auteur, on n'en voulut rien croire ; & fans le bras qu'il avoit caché, & qu'il rejoignit à la Statuë, on feroit encore à fçavoir que ce n'étoit pas une antique, & qu'elle est effectivement de Michel-Ange. Ces fortes d'avantures font fouvent arrivées : les plus habiles mêmes y peuvent être trompez, & on en pourroit citer plus d'un exemple.

Ne cessera-t'on point de se prévenir ainsi contre les Modernes, par la raison qu'ils sont modernes, & par la facilité que l'on a d'en joüir ; car la foiblesse de l'homme est de desirer ardemment ce qui luy est difficile d'obtenir ; & c'est ce qui fait aussi l'entêtement que l'on a pour tout ce qui est étranger: c'est une illusion qui regne aujourd'huy chez les François plus qu'ailleurs, & qui a cependant été de tous les temps. Horace se plaint en mille endroits de l'entêtement des Romains pour les Grecs, & je ne puis m'empêcher de rapporter encore icy un passage de Pline le jeune sur ce sujet.

Nous avons coûtume, dit-il, d'entreprendre de longs voyages, de passer les Mers pour voir des choses que nous negligeons lorsqu'elles sont sous nos yeux, soit que naturellement nous soyons froids pour tout ce qui nous environne, & ardents pour tout ce qui est fort loin de nous: soit que toutes les passions qu'il est aisé de satisfaire, soient toujours tièdes; soit enfin que nous remettions à voir ce que nous sommes assurez de voir quand il nous plaira. Quoyqu'il en soit, il y a près de Rome beaucoup de choses que non-seulement nous n'avons jamais vûës, mais dont nous n'avons même jamais entendu parler, que nous aurions vûës, dont nous parlerions, que nous irions voir de près, si elles étoient en Grece, en Egypte, en Asie, ou dans quelqu'un de ces Pays qui sont fertiles en miracles, & qui aiment à les debiter.

Il faut pourtant convenir que la prévention qui séduit ordinairement les hommes, n'est point ce qui nous fait admirer les chefs-d'œuvres de l'antique sculpture. C'est sur la raison même qu'est fondée la veneration que l'on a pour ces respectables Monumens, & la haute idée du génie des grands Hommes qui les ont faits. Il faudroit être sans yeux, sans goût, & privé de tout sentiment, pour ne pas connoître & ressentir les sublimes beautez que ces rares ouvrages presentent à l'esprit, à la raison & au cœur; & que l'on n'admire jamais tant que lors qu'on les connoît davantage. Plus on y est sensible, plus on est capable d'en profiter. Nous n'aimons que ce que nous connoissons, & nous cherchons ce que nous aimons.

Quelle justesse! quel ordre! quelle beauté! quelles convenances de proportions! quelle pureté! quelle élegance & quel goût de dessein! Quelles grandes & sublimes idées! quelle noble simplicité! quelle grandeur!

quelle majesté! quels caractéres! C'est la source & la regle de la beauté, tant pour les airs de tête, que pour les figures entieres. C'est sur ces parfaits modéles qu'on doit former son goût pour choisir des attitudes convenables, simples & nobles, qui n'offrent à la vûë que les plus belles parties du corps, & les membres les plus grands & les plus avantageux à imiter. C'est ainsi que l'on peut éviter le goût sec & barbare de ceux qui sans choix imitent le naturel le plus mesquin, tel qu'ils le voyent, ainsi que l'ont pratiqué les Ecoles Gothiques d'Allemagne & de Flandres, & tous ceux qui ne se sont pas formez sur l'antique.

Les Sculpteurs Grecs, toujours appliquez à l'étude, & animez par la noble émulation de rendre l'art plus parfait que la nature, choisissoient dans les plus beaux corps les parties qui leur paroissoient les plus parfaites, & se servoient avec tant d'art & de sçavoir de cette heureuse diversité, que par un juste accord des membres les uns avec les autres, ils en formoient un tout si plein d'harmonie & si parfait, que l'on est generalement convenu que leurs Statuës étoient plus parfaites en beauté que les plus beaux hommes, & que quelques-unes ont merité d'être appellées la regle de la beauté.

L'estime que l'on faisoit de ces rares ouvrages, vint à un si haut point, qu'une Statuë de la main d'Aristide fut venduë trois cens soixante & quinze talens; & une autre de Polycrete, six vingt mil sesterces; & que le Roy de Nicomedie voulant affranchir la Ville de Gnide de plusieurs tributs, pourvû qu'elle lui donnât cette Venus de la main de Praxitele, qui attiroit tous les ans un concours infini de Curieux, les Gnidiens aimerent mieux rester toujours tributaires, que de luy donner leur Statuë.

De-là vient que les Sculpteurs & les Peintres qui honoroient également leur patrie, ont été si fort honorez dans les temps passez, que Parrhasius crut faire grace à ses Citoyens de ne prendre pour un Tableau de sa main qu'une couronne d'or, & une robe de pourpre qu'il porta toujours comme une marque glorieuse de l'estime que sa patrie luy avoit témoignée.

Voyez avec quelle magnificence Pindare loüe les Rhodiens dans l'excellence de la Sculpture : Les ruës, dit-il, étoient pleines d'ouvrages qui sembloient vivre & marcher.

C'est donc en étudiant avec application ces chefs-d'œuvres admirables de l'antiquité, que le Peintre apprendra à connoître ce qui est de plus parfait dans la nature, en ce qui regarde le corps humain, afin d'en faire un beau choix, & à remarquer aussi les défauts qu'elle produit par accident, afin de les éviter. Ainsi, par de sçavantes recherches il deviendra son parfait imitateur, moins par ce qu'elle produit ordinairement, que par ce qu'elle est capable de produire.

Mais si le naturel n'est pas toujours parfait, il ne faut pas s'étonner si tout ce qui porte le nom d'Antique, ne l'est pas toujours aussi. Car enfin ce n'est que l'ouvrage des hommes, & je ne prétends donner pour modéles qu'un certain nombre de figures, dont la rare beauté est incontestable, & qui d'un consentement general passent pour des merveilles de l'art.

Parmi le grand nombre de Statuës qui faisoient l'ornement de la Grece & de l'Italie, & qui étoient les principaux Monumens qui honoroient les Dieux, & immortalifoient les Héros de l'antiquité, on peut fans doute s'appercevoir des differens degrez de capacité des Sculpteurs qui les ont faites. Caffiodore dit, qu'il y avoit dans l'enceinte des murailles de Rome un peuple de marbre & de bronze auffi nombreux que celuy de fes Citoyens. Il n'eft pas naturel qu'une auffi prodigieufe quantité de Statuës ayent pû être de la même beauté. Il faut cependant avoüer qu'on ne laiffe pas d'entrevoir dans les plus mauvaifes même, un certain air de nobleffe & de fimplicité qui les fait refpecter; mais il y a d'ailleurs une trop grande conformité de caracteres : ce font toujours les mêmes traits de vifage, les mêmes attitudes, & les mêmes jets de draperie ; & il y regne generalement un goût dur & fec, fort dangereux pour ceux qui par trop d'entêtement n'imitent & n'admirent l'antique, que parce qu'il eft antique, & dont l'opinion eft d'autant plus difficile à arracher de l'efprit, que le tems même en a fouvent fait croître les racines. Car la paffion pour les chofes anciennes eft ordinairement plus forte dans les perfonnes fort avancées en âge, que dans les autres. Les chofes nouvelles leur déplaifent, dit Horace, parce qu'ils ne trouvent rien de bon que ce qui a eu le bonheur de leur plaire dans leur jeuneffe ; ou parce qu'ils ont honte de fe rendre au fentiment de plus jeunes qu'eux, & d'avoüer qu'il faut oublier dans leur vieilleffe ce qu'ils ont autrefois appris avec tant de foin. Si la nouveauté avoit été auffi odieufe aux Anciens qu'à nous, qu'y auroit-il aujourd'huy d'ancien ? & que pourroit-on voir & étudier ?

Quoyque le bel Antique foit la regle des proportions,

de la forme & de la beauté ; quoyque non-feulement il nous guide & nous conduife à la perfection du deffein; mais qu'il éleve encore nos idées au grand & au fublime, un Peintre ne doit pas s'en tenir toujours-là, & ne puifer qu'à cette fource. Il doit avoir pour objet la nature entiere, s'il veut remplir dignement la vafte étenduë de fon art. Car fans parler de toutes les parties de la Peinture qu'il doit étudier uniquement chez elle, ce n'eft qu'en s'en rempliffant vivement, & en imitant avec foin les naïvetez qu'elle prefente, qu'il jettera le vray dans fes ouvrages, & qu'il répandra dans fes figures, & fur-tout dans fes têtes, l'efprit & l'ame qui les feront paroître, agir, vivre & refpirer.

Evitons fur-tout dans la Peinture de donner l'idée du marbre & du bronze, qui font la matiere des plus admirables Sculptures. Faifons, s'il fe peut, par la force du pinceau, que les figures de nos Tableaux paroiffent plutôt les modéles vivans des Statuës antiques, que les Statuës, les Originaux des Figures que nous peignons. Si le Pouffin, fi refpectable & fi profond dans la connoiffance de l'antiquité, avoit pû joindre aux grandes beautez qu'il a puifées chez les Anciens cette imitation naïve de la nature, il auroit été quelquefois moins dur dans fon deffein comme dans fon pinceau. Son coloris auroit été plus vray, plus fort & plus harmonieux. Ses draperies auroient été plus moëleufes, d'une plus grande maniere, moins féches & plus variées, auffi-bien que fes airs de têtes de femmes qui font prefque toujours les mêmes, & qui paroiffent toujours être tirées des mêmes têtes antiques. La varieté eft neceffaire dans la Peinture comme dans

tous

tous les autres Arts. Les choses les plus belles, souvent repetées, cessent de plaire. Le plaisir qui se presente d'un ordre trop égal, devient souvent une corvée ; & cette varieté ne se peut jamais trouver que dans la nature qui fournit toujours de nouvelles choses, & qui paroît se plaire à en produire toujours de differentes.

Il est sorti des mains du Cavalier Bernin des Ouvrages qui, quoy qu'inferieurs aux belles Antiques, tant pour la justesse & la correction du dessein, que pour la noble simplicité, ont cependant par les idées qu'il a sçû puiser dans la nature même, un feu, une vie, une verité de chair, qui se trouve rarement dans les Marbres antiques ; d'ailleurs, un tour gracieux, vif & pittoresque qu'il a étudié dans le Corrége & dans le Parmesan, & qu'il a répandu dans les Sculptures qu'il a heureusement mariées à ses grandes idées d'Architectures : tout cela a formé en lui un goût singulier, qui par des routes nouvelles, & differentes de l'antique, lui ont fait produire des monumens si heureusement hazardez, qu'ils sont les principaux ornemens de Rome, & qu'ils porteront sa gloire à la posterité, malgré tous les traits de l'envie.

La seule reconnoissance des bontez que ce grand Homme a eu pour moi, & des leçons qu'il a bien voulu joindre à l'éducation que j'ay reçuë de mon pere dans Rome, où j'ay esté élevé dès ma plus tendre jeunesse, n'est point ce qui me fait icy honorer sa memoire ; c'est la justice qui lui est duë, & le plaisir que l'on se fait de rendre témoignage à la verité. Car j'avoüeray en même tems que cette même

P

nouveauté d'imagination qui l'a si fort élevé au-dessus des autres, non-seulement ne l'a pas toujours également soutenu quand il s'est trop abandonné à l'impetuosité de son vaste génie ; mais qu'elle a esté quelquefois préjudiciable à ceux de son école, qui, par une passion démesurée, l'ont suivi avec trop d'affectation, sans prudence & sans moderation. Il est des fautes que l'on passe à des génies superieurs, que l'on ne pardonne pas à d'autres. Les manieres nouvelles sont attrayantes ; leur éclat éblouït, & engage facilement à les suivre ; mais il faut toujours se laisser conduire par la raison, sans quoy elles seroient pour nous ce que sont pour les voyageurs ces feux de nuit qui les attirent, & les conduisent insensiblement dans quelque précipice.

Concluons donc qu'il faut joindre aux solides & sublimes beautez de l'Antique, les recherches, la varieté, la naïveté & l'ame de la nature, telle qu'on la voit, MESSIEURS, dans les Monumens dont vous avez enrichi la France. Les conseils que je donne dans cette Academie aux Etudians qui viennent s'y instruire, sont heureusement soutenus par vos ouvrages & par vos exemples. Continuez donc par vos nobles travaux à disputer à l'Antiquité cette gloire qu'elle a si bien méritée. Que la France se rende aussi celebre par les Arts, qu'elle est glorieuse par les Armes. Une heureuse paix nous met en état de les cultiver. Redoublons nos efforts & nos veilles pour répondre aux grandes idées de leur illustre Protecteur, & que la Peinture & la Sculpture animées du même esprit & du même zele, fassent passer à la posterité la plus reculée, les hauts-faits & les vertus d'un Roy dont les jours précieux font le bonheur des nôtres. Quelle gloire d'assurer l'immortalité à ceux qui ne devroient jamais mourir, &, si je l'ose dire, de la partager en quelque sorte avec eux!

Un grand goût de draper, de beaux ajustemens.

L'ART de bien draper, ou d'ajuster les vêtemens, que les Peintres nomment draperies, est selon moi, une des parties de la Peinture la plus essentielle & la plus difficile, & celle cependant dont peu de gens sçavent gré au Peintre qui y réüssit; on croit même que c'est un soin que les grands Maîtres abandonnent à leurs Disciples; tant il est vray que l'on juge superficiellement des beaux Arts, & que la plûpart des gens, en connoissant peu l'étenduë, ne prêtent qu'un instant à voir ce qui a coûté bien du tems & des veilles à produire & à travailler.

Quatre-vingt douziéme vers de l'Epitre.

Je veux donc tâcher de faire voir dans cette dissertation, que non-seulement l'Art de bien draper est une des parties de la Peinture la plus essentielle, mais qu'elle renferme en elle presque toutes les autres, c'est-à-dire, l'invention, la composition, le dessein, la grace, le contraste, l'imitation, le pinceau, la couleur, l'harmonie, le clair-obscur, & le costume.

L'imagination fait inventer la noblesse, la beauté & la varieté des ajustemens, & lorsque les Peintres empruntent le secours de la nature pour ajuster leurs draperies, c'est souvent de leur premiere idée qu'en dépend le bon ou le mauvais succés; il est même en cela des momens plus heureux les uns que les autres, comme de toutes les choses qui dépendent de l'invention; on rencontre quelquefois dans un instant ce qu'on ne trouveroit pas souvent avec beaucoup de tems & avec beaucoup de reflexions; car il est de certaines beautez piquantes & passageres, que la nature ne semble offrir qu'aux gens d'un goût superieur, qui sçavent les saisir promptement, & qui échapent presque toujours aux génies lents & froids, quoique d'ailleurs exacts & studieux; il arrive quelquefois que des Musiciens & des Poëtes mediocres rencontrent des rimes & des sons assez heureux pour faire applaudir leurs ouvrages; il y a de même des Peintres qui peuvent rencontrer des jets & des tours de draperies assez beaux; mais ils ne sont pas toujours sûrs d'y réüssir, s'ils ne sçavent joindre à cette espece de génie des principes certains, fondez sur l'étude des grands Maîtres, & puisez dans la source inépuisable de la belle nature.

Les draperies ont leur ordre & leur arrangement, & c'est ce que j'appelle composition; mais il faut que l'Art en soit caché sous une apparence de simplicité, quelquefois même de negligence. On en doit absolument bannir l'affectation où tombent ceux qui ne se servent jamais que de petits modéles, que l'on appelle mannequins, sur lesquels ils mettent des linges moüillez pour ajuster leurs draperies. On me dira peut-être que le Poussin s'en est presque toujours servi; je réponds à cela, qu'à la verité, la composition, l'ordre & l'arrangement de ses plis, est noble & sçavant, mais que l'Art y paroît cacher les beautez de la nature, & que ses draperies auroient esté beaucoup plus parfaites, si ce grand Homme avoit pû joindre à ce qu'il a imité, peut-être trop servilement, d'après les Statuës antiques, un goût plus naturel, moins sec & plus aisé, dont les linges moüillez, & les manequins l'ont sans doute éloigné; il auroit imité en cela le grand Raphaël, qui ayant peut-être plus finement saisi les beautez de l'antique, en a rendu la noblesse majestueuse, avec les graces & la simplicité charmante de la nature.

La composition des draperies consiste à bien marquer les jointures & les Amanchemens; mais avec une moderation tellement industrieuse, qu'il semble que les plis se soient trouvez jettez naturellement & comme par hazard autour des membres, en flattant pour ainsi dire le nud, & le marquant sans y être colé, comme l'a souvent pratiqué Jule Romain, quelquefois même avec une secheresse & une bizarrerie que l'on doit prendre soin d'éviter. Michel-Ange est quelquefois tombé dans ce défaut; mais il regne dans ses ouvrages un certain goût grand & terrible, qui impose tellement, qu'on est souvent charmé même de ses défauts, par les grandes beautez qu'ils presentent aux yeux des veritables connoisseurs, comme on le peut voir dans les Prophetes & les Sybilles qu'il a peints dans la voûte de la Chapelle du Vatican, où il a representé le jugement dernier; il semble que ce grand Homme ait voulu sortir quelquefois du naturel & du vray, pour faire valoir uniquement l'Art; jaloux du sçavoir profond qu'il avoit dans les Amanchemens & l'Anatomie; il a voulu faire voir en même tems le nud & même les muscles principaux avec le grand goût des draperies. Les Anciens toujours attentifs à exprimer les choses dans toute leur perfection, estoient si industrieux à marquer par leurs draperies le nud de leurs figures, que l'on admiroit particulierement à Athenes, un Vulcain qu'avoit fait Alcamenes, parce que, quoiqu'il fut debout & vêtu, on ne laissoit pas de voir par l'artifice de sa draperie, qu'il boitoit, & même avec une sorte de grace convenable à la Divinité.

Il faut que les yeux en suivant, pour ainsi dire, les plis depuis leur naissance jusqu'à leur fin, s'apperçoivent qu'ils entourent & dessinent avec grace les membres qu'ils couvrent; il faut sur tout éviter le choix des plis qui par des lignes ou par des ombres mal placées, pourroient rompre ou cacher la veritable forme du corps qu'ils enveloppent; plus la draperie se trouve éloignée des endroits où elle est resserrée, ou pressée, plus elle tombe dans son naturel, & plus elle deviendra ample & étenduë. Il faut que les draperies soient disposées de maniere, qu'elles ne paroissent pas un amas éclatant & confus d'étoffes gonflées de vent, qui semblent dépoüiller l'homme que l'on a voulu habiller, & être presque toujours détachées des membres qu'elles couvrent; je ne prétends pas cependant interdire la magnificence des plis, mais il faut les placer autour de la figure, & le faire même avec tant d'Art, qu'elles aident encore à la dessiner, à l'embellir & à l'enrichir.

Gardez-vous de charger vos draperies d'une trop grande confusion de plis, défaut où est souvent tombé le Poussin; n'en faites seulement qu'aux endroits où les vêtemens sont retenus par les bras ou par les mains, ou par quelques autres parties qui les resserrent; par cette simplicité vous donnerez de la grandeur & de la noblesse à vos figures, & vous conserverez un repos aimable qui produit la parfaite beauté, le plaisir des yeux & le grand goût. Ce n'est pas seulement en cette occasion qu'on peut en retranchant, donner la derniere perfection à son ouvrage, mais dans toutes les compositions qui regardent les beaux Arts, soit Peinture, Sculpture, ou Architecture.

En effet la trop grande abondance d'objets & d'ornemens semez & dispersez également par tout, apporte une confusion si étrange, qu'elle prouve moins la fertilité du génie de l'Auteur, que la foiblesse de son goût; l'Orateur qui parle le mieux, est celui qui dit beaucoup de choses en peu de paroles, & l'on pourroit appliquer icy pour les Arts ces mots, *Rien de trop*, qui étoient la regle que Socrate donnoit aux jeunes gens pour leur conduite.

Il y a dans les draperies une correction & un goût de dessein, qui en fait une des principales beautez, d'autant plus necessaires qu'elles supposent la science du nud, qu'elles doivent marquer ou laisser entrevoir. Les plis des draperies qui envelopent les membres, doivent diminuer toujours de leur grosseur vers les extrémitez de la chose qu'ils entourent; ils doivent suivre regulierement les parties fuïantes, comme celles qui s'avançent & qui racourcissent. Il faut éviter dans la forme des plis, aussi-bien que dans le nud, les lignes trop paralleles, & les figures géometriques, comme les angles aigus, & des quarrés réguliers, qui formant des plis trop roides & trop arrangez, presentent aux yeux une certaine symetrie froide & aride, qui ôte tellement la vie & le mouvement aux figures, qu'il semble qu'elles n'osent agir, de peur de déranger l'œconomie affectée de leurs ajustemens : il en est de cela, comme de l'Art de la parole ; les periodes arrangées avec trop de soin, rendent souvent un discours froid & languissant, & si quelquefois elles flattent l'oreille, elles ne vont jamais au cœur.

Les uns affectent des plis trop pincez, & des contours aigus & coupez, les autres les font ronds & gonflez ; les uns les forment trop secs, & les autres trop mols ; la grace consiste donc dans un certain contour ondoyant, noble & élegant, dont on ne peut guéres donner des regles bien précises, qui est un je ne sçai quoi qui dépend du goût plus ou moins delicat de celui qui travaille, & qui est dans l'esprit du Peintre plutôt que dans sa main.

Si l'on pouvoit marier, pour ainsi dire, la noblesse simple & majestueuse qui impose dans l'Antique & dans Raphaël, avec un certain contraste doux, gracieux & piquant, qui charme dans le Corrége & dans le Guide, on atteindroit peut-être au point de perfection.

Le contraste donne du mouvement & de l'ame aux figures ; mais il faut en user avec prudence ; les Italiens modernes pour arriver à ce gracieux animé que je propose, ont souvent outré la matiere, j'en excepte cependant le Ciniani, & Carlo-Marati qui s'en sont souvent servi avec succés. Le Cavalier Bernin épris du goût de draper du Corrége & du Guide, en a fort recherché les graces dans les ouvrages qu'il a faits dans la force & dans la vigueur de son âge ; mais ces mêmes beautez

beautez piquantes ont par la suite degeneré en ce que les Peintres appellent maniere, & en des affectations trop sensibles & trop souvent repetées, soit que ses emplois differens & l'impetuosité du feu qui l'animoit, l'ayent emporté trop loin, ou lui ayent ravi le tems qu'il faut donner à la perfection ; ce que l'on doit pardonner à un génie aussi vaste & aussi nouveau que le sien en Peinture, Sculpture & Architecture, trois Arts qu'il a si heureusement mariez ensemble, n'est pas toujours pardonnable aux autres. Plusieurs de ses Disciples aveuglez par la prévention, ont imité servilement ce qu'il avoit quelquefois exageré lui-même, & se sont souvent fait blâmer en outrant les mêmes choses hazardées & nouvelles qui lui avoient attiré des applaudissemens : il semble dans les bizarres affectations de leurs draperies, que les vents les plus impétueux soient toujours déchaînez pour agiter les plus lourdes étoffes, non-seulement dans la campagne, mais dans les lieux les plus resserrez. Ceux qui s'imaginent par-là donner de la vie & du feu à leurs ouvrages, s'abusent tresfort ; ce sont ordinairement les ressources dont les génies les plus froids cherchent à se réchauffer ; mais le spectateur judicieux qui n'est touché que des beautez naïves de la nature, refuse avec raison de joindre sa voix aux applaudissemens que ces génies outrez se donnent eux-mêmes ; il est dangereux d'oser trop s'écarter des regles établies par les grands Maîtres, fondées sur la raison & la nature, par le desir ambitieux de vouloir donner dans la nouveauté ; si cet effort audacieux a réüssi quelquefois à des gens superieurs, ceux d'un ordre inferieur ne s'y distinguent que par des bizarre-

Q

ries outrées qui vont quelquefois jusqu'à l'extravagance. Je ne prétends pas cependant interdire dans les draperies un contraste vif & gracieux, mais il doit être conduit avec prudence & moderation: comme les étoffes ont toujours un certain poids qui les fait ordinairement tomber, on peut suppoſer quelquefois que le vent les agite; ce mouvement peut faire naître de grandes beautez: les draperies qui paroîtront tantôt s'approcher fortement du nud & le marquer avec grace, & d'un autre côté s'envolant dans les airs, formeront des plis magnifiques, agréables & neceſſaires. Gardez-vous cependant de faire des draperies qui volent de côtez differens & qu'elles ſoient agitées par le vent, lorſque vos figures ſont en repos, & ſont dans des lieux où il ne peut vrai-ſemblablement ſouffler. Ayez attention à varier les mouvemens, les jets & les plis de vos draperies autant qu'il vous ſera poſſible dans le même tableau; y manquer, c'eſt preſque un auſſi grand défaut que celui de repeter par tout les mêmes airs de tête; car la nature ne paroît jamais plus belle que dans la varieté. La diverſité des étoffes donnera encore un agrément infini à votre ouvrage, non-ſeulement parce que rien ne fait un plus riche & un plus agréable effet aux yeux que les objets de differente nature agroupez enſemble, mais parce que les objets differens placez avec art ſe font mutuellement valoir les uns & les autres, charment la vûë en la trompant par l'imitation fidelle de la nature, que vous devez avoir preſente le plus qu'il vous ſera poſſible; car c'eſt en vain que l'on veut s'en fier au ſouvenir des choſes qu'on a veuës, & s'abandonner à l'habitude que l'on a ſouvent acquiſe avec trop de facilité ; le naturel offre toujours de nouvelles beautez à ceux qui les sçavent connoître, & des effets qu'il est difficile d'imaginer, qui charment dés qu'on les saisit, & qui jettent une force si brillante & si naïve dans l'exécution, qu'ils semblent donner l'ame au pinceau pour la répandre dans tout l'ouvrage. Songez à varier votre touche selon le veritable caractére des étoffes que vous voulez imiter. Car quoyque la legereté & la facilité du pinceau doivent briller par tout, il y a des objets qui doivent être peints avec douceur, & d'autres touchez plus fierement ; les satins, les velours, les linges, les draps, les peaux, doivent avoir chacun leur touche differente, aussi-bien que les étoffes d'or & d'argent, les broderies, & les pierres précieuses que le Peintre doit se garder de prodiguer mal-à-propos, & qu'il ne doit introduire qu'autant qu'elles conviennent à son sujet, & à produire quelque grand effet ; car on se laisse souvent éblouïr & tromper par l'apparence du beau ; on croit enrichir son ouvrage & on l'appauvrit en le depoüillant de la noble simplicité qui lui est propre, & qui le caractérise. Le goût de peindre de Paul Veronese, de Rubens & de Vandeick, selon moi, est celui qu'il faut suivre, pour l'imitation & la magnificence des étoffes ; mais leur facilité est difficile à acquerir, d'autant plus que leur plus grand artifice, est d'avoir sçû le cacher, & que par une intelligence étonnante ils font paroître avec peu de travail, un ouvrage qui coûte ordinairement beaucoup de tems, de soins, d'ennuis, de flegme & de patience, ainsi qu'on le peut voir dans beaucoup d'ouvrages des Peintres Allemans qui ont autant fini & travaillé les objets éloignez, tournants & ombrez, que ceux qui doivent être les plus proches de la vûë, & sous la plus vive lumiere; défaut aussi considerable que celui de ne pas sçavoir augmenter, ou diminuer à propos l'éclat & la vivacité de ses couleurs.

Les draperies ont leurs couleurs locales, c'est-à-dire, celles qui leur sont naturelles, celles de la lumiere la plus vive, celles des tournans, celles des reflects, & celles des plus fortes ombres; il ne faut pas que le spectateur puisse dire, comme cependant plusieurs Peintres le disent eux-mêmes en parlant de leurs propres ouvrages; c'est une draperie d'outremer, de vermillon, de lacque, de massicot, &c. Il ne suffit pas de donner à chaque objet, la veritable couleur par l'imitation exacte du naturel qui se presente à vos yeux, il faut quelquefois le corriger par l'idée que l'on doit avoir de la perfection de la nature, & le choisir selon les veritables regles de l'Art, en cherchant tout ce qui peut contribuer à l'embellir, & en rejettant avec un juste discernement tout ce qui lui est desavantageux, afin de former par diverses parties, un tout ensemble aimable, & une harmonie parfaite qui charme autant les yeux, qu'un beau Chœur de Musique enchante les oreilles.

Les oppositions fieres & suaves tout ensemble, contribuent non-seulement à l'harmonie d'un Tableau, mais aussi à lui donner de la force & de la vigueur; mais il faut connoître la sympathie & l'antipathie que les couleurs ont entr'elles, & les disposer dans les draperies, de maniere qu'en les liant, pour ainsi dire, d'amitié par les nuances douces de couleur que l'on appelle rompuës, les masses de lumiere, quoique composées de parties agréablement variées, paroissent unies ensemble, pour joindre insensiblement par des couleurs plus sombres & moins vives, les grandes oppositions soutenuës par les masses d'ombres, dont l'imperceptible varieté s'accordera de la même maniere que celle des jours.

Il faut quelquefois mêler des couleurs vives & brillantes avec d'autres moins claires, plus sales, plus sombres & de genre different, elles se font valoir les unes & les autres par la comparaison. C'est quelquefois un grand coup de l'Art de hazarder des oppositions hardies & assez fieres pour aller jusqu'à la dissonance; on peut pour attirer la vûë en de certains endroits & la forcer à s'y arrêter, parmi des couleurs agréablement unies, en hazarder une qui en trouble, pour ainsi dire, le repos & qui leur soit directement opposée; mais il faut, comme font les grands Musiciens, en sauver l'extrême dissonance par quelque sons imperceptibles qui les lient sans que l'on s'en apperçoive. Car il faut tâcher d'éviter que les extrêmitez absolument contraires se touchent absolument en couleur, aussi-bien qu'en lumiere; le Giorgion conduit par son heureux génie, a porté le coloris à un degré si admirable, qu'il a sçû joindre à la fois les couleurs les plus fieres & les plus fortes, avec les plus suaves & les plus harmonieuses. Le Titien qui sçût profiter de ce goût fort & picquant, semble l'avoir encore perfectionné par plus de varieté; son harmonie (pour me servir des termes de Musique) semble composée de plus de parties; & si le premier a travaillé à quatre Chœurs, l'autre a travaillé à huit & à seize, comme on le pratique communément dans es Eglises d'Italie. Personne n'a mieux connu que lui la nature des couleurs, qu'il plaçoit si à-propos dans ses draperies, que non-seulement elles se faisoient valoir les unes & les autres, mais qu'elles mettoient chaque figure à sa place, & contribuoient sans le secours des groupes de lumieres & d'ombres, à faire dans l'ouvrage l'effet que produit l'intelligence du clair-obscur. Le clair-obscur tire encore de grands secours de l'intelligence des draperies, tant pour l'effet des corps particuliers, que pour celui du tout ensemble. Il faut donc prendre garde que les draperies qui doivent servir de vêtemens aux figures, entourent les membres de maniere que dans les parties les plus élevées & les plus éclairées, le choix des plis ne cause pas des ombres fortes, qui en romproient la forme, de même que les plis trop éclairez dans les parties qui doivent naturellement être ombrées. Les draperies disposées avec art, peuvent encore servir pour le clair-obscur, à étendre les masses en liant & groupant ensemble les lumieres & les ombres, & en remplissant artificieusement des vuides qui formeroient des trous brisez en pieces separées qui fatiguent les yeux, en les attirant de tous côtez sur des objets égaux en force d'ombre & en lumiere, & leur ôtent le repos aimable qui s'offre, quand les objets composez de grandes parties, se trouvent liez ensemble, distinguez ou démêlez par les seules oppositions des masses des lumieres & des ombres. Rubens & Vandeick ont parfaitement entendu, peut-être même au-dessus des autres, cet artifice du clair-obscur; leurs ajuſtemens nobles & grands forment des plis ſimples & riches, qui flottant avec grace autour du nud, le marquent ſans y être collez; ſuperieurs en cela au Titien qu'ils ont quelquefois égalé dans les nuances harmonieuſes des couleurs, & ſouvent ſurpaſſé Paul Veroneſe qui auroit été inimitable dans cette partie d'harmonie, s'il n'avoit pas tant bigarré ſes figures, ce qui en ôte la forme & le repos; défaut où ne ſont pas tombez Rubens & Vandeick.

Il faut dans les vêtemens obſerver avec exactitude les bien-ſéances, les mœurs & les coûtumes; il ne faut pas affecter de repréſenter des figures nuës, où elles ne conviennent pas, par la ſeule envie d'étaler ſon ſçavoir dans cette belle partie du deſſein, l'école Florentine eſt ſouvent tombée dans ce défaut; plus touchée de la ſcience du nud & de l'Anatomie, que de toutes les autres parties de la Peinture, ſa paſſion alloit juſqu'à critiquer les bien-ſéances judicieuſes de Raphaël qu'elle appelloit, par une ſorte d'eſprit de critique mal fondée, *le grand Faiſeur d'habit.*

Le Peintre n'a-t-il pas aſſez d'occaſions de faire valoir ſon ſçavoir dans la ſcience du nud & de l'Anatomie, dans les endroits convenables, ſans les placer hors de propos ? la Fable lui en fournit dans les allegories; l'Hiſtoire même, en obſervant les tems, les pays & les mœurs.

Les premiers hommes ſe ſont d'abord vêtus des peaux des animaux dont ils faiſoient des ſacrifices. L'on croit que Caïn ne trouva l'invention de filer la laine qu'aprés ſa fuite & ſa retraite dans les Indes; cependant Raphaël dans ſes loges luy a donné un vêtement d'étoffes; tant il est vray que les plus grands Hommes tombent quelquefois dans des fautes que les personnes d'un goût superieur leur pardonnent en faveur des grandes beautez dont ils sont vivement saisis, & qui servent souvent de matieres pour exercer la critique de ceux qui sont (si je l'ose dire) plus occupez des taches qui se trouvent quelquefois dans le Soleil, que de sa grandeur immense, & de la lumiere éclatante qu'il répand sur tout l'Univers.

Il ne faut pas seulement varier les étoffes selon les differents caractéres des Personnages que l'on veut représenter, il faut encore que les plis conviennent à ceux qui les portent: les étoffes pesantes qui, quoiqu'amples, forment peu de plis, conviennent à des Prophetes, à des Philosophes & des Magistrats, & semblent avoir rapport avec la gravité de leur caractére & de leur visage, & ne conviennent pas à l'enjouëment & à la legereté vive & brillante des Nymphes & des jeunes personnes qu'il faut revêtir de draperies legeres & d'étoffes fines & délicates: mais quoique les plis en soient petits, ils ne doivent être pincez qu'aux endroits où ils sont pressez, & s'étendre de tems-en-tems, pour former toujours de grandes parties & des masses de lumieres & d'ombres aux endroits où vous en aurez besoin.

Les étoffes ou draperies qui ne sont ni trop pesantes ni trop legeres, conviennent à la Majesté des Dieux, des Rois, des Princes, des Princesses & des Femmes d'un caractére respectable; toutes ces convenances doivent s'observer non-seulement dans les draperies, mais encore dans tous les autres ajustemens des figures, ayant

toujours

toujours égard à la dignité, au sexe, à l'âge, au tems, aux pays, aux mœurs & aux coûtumes. Si vous aviez à peindre & à représenter des anciens Grecs ou des Romains, conviendroit-il de leur donner les vêtemens, les coëffures ou les armes modernes des autres nations ? Les Perses doivent être vêtus autrement que les Grecs; & c'est ce qu'a sagement observé le Brun dans les Tableaux où il a représenté l'Histoire d'Alexandre. Par la même raison qu'il ne faut pas se servir de vêtemens modernes dans des sujets de l'Antiquité, il ne faut pas traiter un sujet moderne, ni représenter des personnes avec qui nous vivons avec des vêtemens à l'antique. C'est cependant une licence que les Peintres prennent souvent dans les Portraits : je ne prétends pas faire icy le procez aux grands Peintres que la complaisance & les égards engagent à le faire, d'autant plus que cela donne occasion aux Peintres de nos jours qui se distinguent, (& que leur modestie m'empêche de nommer, mais que l'on connoît assez,) d'imaginer des ajustemens gracieux, variez & nobles: d'ailleurs ne sont-ils pas toujours contraints par les caprices differens de ceux pour qui ils travaillent ? N'exige-t-on pas même d'eux de farder quelquefois une vieille, de rendre blancs les cheveux d'une jeune personne, d'habiller la moindre Bourgeoise en superbe Princesse, le Financier en Heros, le Magistrat en Adonis ? Je n'ose décider sur cette matiere; cependant les Portraits qui nous restent de Raphaël, du Titien, du Giorgion, de Rubens & Vandeick, nous représentent les hommes tels qu'ils étoient de leurs tems.

Les Pays où les Peintres ont pris naissance, & dont

les climats differents les rendent vifs, froids ou pesans dans leurs productions, contribuent encore à les faire pecher contre les convenances, non-feulement par les vêtemens, mais encore par le caractere, la forme, la taille des personnages, les physionomies & les airs de tête. Albert, Peintre Allemand si distingué par son sçavoir, qu'il mérita les éloges & l'estime de Raphaël à tel point, que ce grand Homme s'occupoit souvent à regarder ses ouvrages en Estampes, dont il avoit un recüeil complet ; Albert, dis-je, malgré l'étenduë de son génie, trop plein des objets que son pays offroit toujours à sa vûë, a toujours representé la Nation Allemande dans ses ouvrages, tant par les vêtemens que par les airs de tête. Rubens & Vandeick ont souvent transporté les sujets les plus anciens & les plus héroïques de la Grece & de Rome dans la Flandre leur patrie, tant par les vêtemens, les étoffes & les armes, que par les formes & les airs de tête. On sort tres-rarement de Venise en voyant les Tableaux du Giorgion, du Titien, du Tintoret, & sur-tout de Paul Veronese. Que ces fautes, où l'habitude a entraîné les grands Hommes, vous servent, Jeunes Peintres François, à ne pas toujours voir la nature generale & parfaite par l'affectée qui se presente ordinairement à vos yeux : si les vêtemens la défigurent autant par la forme, que le fard par la couleur, tâchez de la retrouver dans la juste idée de la perfection, & dans les ouvrages de la noble & simple Antiquité.

Les Peintres & les Sculpteurs anciens étoient heureux. Qu'ils avoient en cela d'avantages sur nous ! Ils vivoient dans des tems où la nature se presentoit toujours à eux dans sa vigueur & sa naïve simplicité : ils n'avoient qu'à suivre ce qu'ils voyoient ; & nous devons presque toujours fuir ce que nous voyons. Les Peintres qui sont nez ou élevez parmi ce qui nous reste de l'Antiquité, dont Rome fait son principal ornement, étant remplis de ces admirables Chefs-d'œuvre, ne sont pas tombez dans ce défaut ; tels sont les Raphaëls, les Leonards, les Jules Romains, les Michel-Ange, les Caraches, les Dominiquains, les Poussins, les le Brun, & d'autres qui y ont puisé la beauté des inventions, la noblesse des idées, la force de l'expression, & la judicieuse exactitude des convenances & des coûtumes.

Ce n'est pas encore assez, si l'on veut aller à la perfection, d'éviter les fautes grossieres contre le Costume, où ne sont que trop tombez des Peintres estimables d'ailleurs, tant il est vray de dire que l'Art de peindre est infini ; il faut donc s'efforcer d'augmenter l'expression du sujet par des choses singulieres ingénieusement placées, qui le caractérisent fortement. Songez enfin, Jeunes Étudians, qui voulez-vous élever avec distinction dans cet Art si difficile, que la seule habitude de dessiner & de peindre ne fait pas le grand Peintre, & qu'il ne faut pas seulement qu'un Tableau plaise aux yeux du corps, qu'il faut encore qu'il aille pour ainsi dire, jusqu'aux yeux de l'esprit ; quelques beautez qu'il ait d'ailleurs, quand il peche contre les convenances & contre ce qu'on appelle le Costume, il fournira beaucoup de matiere à de justes critiques d'autant plus redoutables, qu'elles viendront non-seulement de ceux qui se laissent naturellement conduire par les lumieres de l'esprit & du bon sens, mais encore par les Gens de Lettres & tous les Sçavans, qui sont même plus touchez de cette partie de la Peinture, que de toutes les autres ; c'est elle qui a principalement réüni leurs suffrages en faveur du Poussin, & qui lui a merité le glorieux surnom de Peintre des Gens d'esprit.

Là des expreßions les beautez naturelles,
Nous offrent du sujet les images fideles.

<small>Cent cinq & cent sixième vers de l'Epitre.</small>

L'ART d'imiter les objets visibles de la nature, est ce qui caractérise absolument le Peintre ; mais ce qui distingue la Peinture de presque tous les autres Arts, & le Peintre du Peintre, c'est non-seulement une certaine élévation d'esprit, qui fait penser heureusement les choses, mais cet enthousiasme & ce pathétique, qui touchent l'esprit, qui émouvent le cœur par la juste représentation des caractéres, & par l'imitation des passions ; ce qui vient de la grandeur d'ame & de l'imagination : les Poëmes ne doivent pas seulement avoir de la beauté, dit Horace, il faut encore qu'ils soient touchants, & qu'ils fassent naître dans le cœur de ceux qui les entendent, toutes les passions que le Poëte y veut exciter.

Ce n'est point assez pour atteindre à la perfection & au sublime de l'Art, qu'un Tableau soit agréablement colorié, peint avec grace & facilité, & qu'il ait une sorte de correction qui dépend des regles, bien plus que du génie, & dont l'Auteur peu blâmé par de grands défauts, est rarement loüé par de grandes qualitez ; car l'on doit chercher ce qu'il y a de meilleur & de plus excellent dans l'Art. Le Peintre le plus parfait est celui qui, en satisfaisant les yeux, sçait émouvoir l'esprit des Spectateurs avec force ; celui qui le fait médiocrement, est un Peintre médiocre, & celui qui ne le fait pas, usurpe le nom de Peintre ; cependant les Peintres pour être mauvais, dit Ciceron, ne laissent pas d'être appellez Peintres, & ne different point entr'eux par quelques especes particuliéres, mais par la science & par la capacité : ce n'est point assez pour la perfection de l'Art, de plaire uniquement aux yeux ; il faut qu'un Tableau produise en nous une certaine admiration mêlée d'étonnement & de surprise, qui ravit & transporte ; sans ce beau feu qui doit l'animer, c'est tout au plus une belle machine où manque le principal ressort. Le Peintre doit tirer sa plus grande force du grand Art qui touche le cœur, il doit l'agiter, l'émouvoir, & même le percer, sans toutefois le déchirer ; car il est aussi dangereux de passer le but, que de manquer d'y arriver.

Il est une justesse dans les expressions, que peu de gens sçavent saisir, & que très-peu sçavent connoître ; car parmi les Auteurs, comme parmi les Spectateurs, c'est ordinairement le tempérament qui décide ; il en est de trop froids, comme il en est aussi de trop vifs & de trop outrez ; & c'est ce qui détermine les ouvrages des uns, & les décisions des autres ; il faut presque autant de délicatesse d'esprit pour juger & pour sentir le beau, que pour le produire ; peu de gens sont au fait des sujets que l'on traite ; il en est encore moins qui connoissent les effets de la nature, & l'on méprise ordinairement ce que l'on ne connoît point ; c'est-là ce qui décourage souvent ceux qui travaillent pour la gloire, & pour se servir de l'expression de Platon, c'est ce qui coupe les aîles à l'esprit, & l'empêche d'arriver à la perfection qui est le but où il doit tendre.

Le Peintre ayant fait le choix de son sujet, doit s'attacher sur tout à l'exprimer dans toutes ses circonstances, pour attacher les regards du Spectateur le plus indolent. Rien ne désole plus celui qui travaille uniquement pour la gloire, dit Horace, qu'un Spectateur indolent; rien ne l'encourage plus que lorsqu'il se voit applaudir. Le Peintre qui veut y parvenir, doit envisager deux sortes d'expressions, la générale & la particuliére; j'entends par l'expression générale le caractére du sujet, qui doit d'abord se présenter aux yeux pour aller ensuite à l'esprit, & de l'esprit au cœur; presque toutes les parties de la Peinture y doivent joindre leur force; l'invention, la disposition, le caractére du dessein, le coloris, le pinceau & le clair-obscur.

Par l'invention on fera un choix vif, & une recherche des choses vrai-semblables & convenables qui caractérisent le mieux le sujet que l'on traite.

Par la disposition, qui est l'ordre & la distribution des choses, vous placerez vos groupes & vos objets de la maniére la plus avantageuse & la plus convenable au caractére que vous voulez représenter.

Dans un sujet de fracas, tout doit être en mouvement, tout doit agir; le contraste y doit être observé vivement; le dessein hardi & plein de feu; le coloris fort & brillant; le pinceau léger, & touché vivement; les oppositions marquées dans le clair-obscur, & d'heureuses dissonances dans l'harmonie & le tout ensemble.

Un sujet majestueux & noble doit imposer d'abord, par le choix des objets, par l'ordre simple & grand de la composition, par la noblesse des attitudes dans toute leur magnificence, par leur dignité, par le contraste naturel & sans affectation outrée, par le choix des couleurs magnifiques & harmonieuses, par le goût du dessein grand & correct, & par un repos temperé dans le clair-obscur; dans les sujets tragiques & barbares, les oppositions du clair-obscur, seront plus sensibles & plus marquées, comme celles du coloris dont le choix triste & mélancholique inspirera le caractére du sujet.

Dans les sujets gracieux, tout doit rire & plaire par le choix des objets inventez, par un certain air de légereté dans la composition, par l'élégance du dessein, par le coloris vague & brillant, par le clair-obscur doux & temperé, & par le pinceau moëleux, leger & fondu; enfin chaque Tableau doit avoir un mode qui le caractérise: l'harmonie en sera tantôt aigre & tantôt douce, tantôt triste & tantôt gaye, selon les différents caractéres des sujets que l'on voudra représenter; on peut suivre en cela l'Art enchanteur de la Musique.

Car comme je l'ai, je crois, déja dit ailleurs, tous les Arts ont presque tous les mêmes principes; examinons cependant, sans trop sortir de notre sujet, le rapport de la Musique avec la Peinture en ce qui regarde l'expression & l'harmonie.

Les Hommes sont naturellement portez à former des sons; l'on chante dès l'enfance avant même que l'on ait l'usage de la parole; l'âge fortifie cette habitude, & le tempérament la détermine. L'on chante en rêvant à autre chose. Celui qui a le cœur sensible & tendre, forme des sons tendres & languissants; l'emporté, des airs vifs, légers & enjoüez, & tout cela sans s'appercevoir que l'on chante: le naturel & le tempérament agissent uniquement, & l'on ne peut pas dire que ce soit l'Art du Musicien, quoique cependant l'on y entrevoye une sorte de disposition heureuse pour le devenir. Combien de gens du monde ont-ils fait d'assez beaux airs, sans sçavoir une notte de Musique? combien de gens a-t-on vû usurper le nom de Musicien, pour avoir réüssi dans quelques chants naturels, & le tempérament leur tenant lieu de science, avoir quelquefois rendu le sens des paroles, & les avoir exprimées heureusement: il n'est pas aussi facile d'exprimer par un simple trait de crayon l'expression des passions dans les traits du visage: cependant celui qui borneroit son Art à ce talent, pourroit-il s'appeller Peintre? ce qui le détermine Peintre accompli, c'est lorsqu'il joint à ces traits les jours, les ombres, le coloris, & les autres parties de la Peinture, dont j'ay déja parlé. De même si celui qui aura fait de beaux chants, y joint des accords placez avec art, une harmonie sçavante & travaillée, des caractéres vrais & variez, un mode convenable, il se pourra dire à juste titre Musicien; c'est donc cet Art admirable, qui fait le veritable Musicien, que je propose au Peintre pour la force de l'expression, pour les enchantemens de l'harmonie, & pour les modes qui conviennent aux sujets différents; la Peinture a ses modes mêmes par les couleurs, comme la Musique les

a par

a par ses sons; les couleurs qui approchent le plus du blanc, inspirent la joye, & celles qui approchent le plus du noir, jettent l'imagination dans la tristesse; chaque chose a son contraire; la lumière du jour réveille la nature, les ténébres de la nuit l'abbattent & n'inspirent que la mélancholie & l'horreur; enfin en Peinture, comme en Musique, ayez attention que le caractére général soit marqué par de si grands traits, que ceux même qui ne sont pas au fait des sujets, soient frappez & touchez, soit par le grand, le pathétique, le gracieux ou l'enjoüé, ou par les autres caractéres; songez que chaque sujet que l'on traite doit avoir un caractére particulier qui lui est propre; & que ce n'est point assez de plaire aux yeux, qu'il faut surprendre & étonner.

Après avoir parlé de ce que j'appelle l'expression générale, parlons des expressions particuliéres, qui toutes ensemble doivent contribuer à l'apparence générale plus parfaite: tout y doit concourir, la décoration ou la scêne, les mœurs ou les coûtumes, le caractére des personnages, les passions exprimées par les gestes, les mouvemens du corps & les traits du visage.

La scêne du Tableau contribuë à l'expression par le rapport qu'elle doit avoir au sujet que l'on traite. Gardez-vous bien de placer dans un lieu triste & mélancholique un sujet gracieux, & qui doit inspirer le plaisir & la joye; Bellone parmi des fleurs, & Vénus, les amours & les jeux, parmi des rochers affreux & dans des déserts terribles; & dans des lieux aimables, où tout inspire la joye, la gayeté, gardez-vous de placer un sujet tragique, funeste & plein d'horreur.

Les Anciens qui avoient trois sortes de piéces, c'est-à-dire des tragiques, des comiques & des satyriques, avoient aussi des décorations qui avoient rapport à ces différents caractéres : les tragiques représentoient toujours des édifices magnifiques & superbement ornez ; les comiques représentoient de simples maisons, comme on en voit communément dans les villes ; & les satyriques des lieux champêtres, des maisons rustiques, de simples cabanes, & quelques vieux Temples ruinez.

Les mœurs sont des inclinations qui portent les hommes à des actions bonnes, mauvaises ou indifférentes : elles sont différentes selon la complexion, le sexe ou le pays où l'on a pris naissance ; de-là viennent les diverses coûtumes des peuples ; car les uns sont polis, les autres grossiers & barbares ; les uns fourbes, les autres de bonne foy ; les uns pesants & lourds, les autres inquiets & changeants, & ainsi du reste. Ce sont ces differents caractéres que le Peintre doit étudier avec beaucoup de soin. Etudiez à la Cour & dans le grand monde les caractéres de dignité, de noblesse, de bienséance & de représentation ; dans le commerce de la ville, de la campagne, & des hommes ordinaires & communs, le simple, le naïf, le vray, la nature enfin dans toute sa pureté. Etudier à la Cour, me dira-t-on ? Quoy perdre son tems à attendre, & souvent à être rebuté, tandis qu'on peut étudier tranquillement dans son cabinet ? Ce qui abuse, selon moi, la plûpart des gens d'étude;

c'eſt qu'ils croyent que leurs cabinets & leurs livres leur ſuffiſent. Ne ſe trompent-ils point ? car le monde qui eſt une bibliothéque vivante, anime fort celle du cabinet ; je ſçay qu'il faut bien du talent & du tems pour remplir ces deux néceſſitez pour la perfection de l'Art ; celui qui n'eſt jamais ſorti de ſon cabinet, mépriſe celui qui n'y entre jamais ; ou pour mieux dire, qui n'en a point : par le même eſprit d'injuſtice, ceux qui ſont diſſipez dans le grand monde, regardent comme un homme bizarre, ridicule & miſantrope, celui qui rêve & qui cherche à penſer. *Le Sage*, dit Horace, *paſſe ſouvent pour bourru, & le ſilence d'un homme diſcret eſt pris pour une rude cenſure.* Tout ce qui eſt extrême, eſt vicieux : il faut en tout tenir un juſte milieu. Gagner des batailles, dit Horace, & mener en triomphe au milieu de ſes Citoyens des ennemis vaincus, c'eſt ce qui approche de la gloire de Jupiter ; cela va juſques à la divinité même. Ce n'eſt donc point une loüange mépriſable que de plaire à ces hommes divins. Mais, comme dit le Proverbe, Il n'eſt pas donné à tout le monde d'aller à Corinthe. Celui qui a craint de n'y pas réüſſir, s'eſt tenu en repos, voilà qui eſt bien. Mais celui qui en eſt venu à bout, a-t-il bien fait ? a-t-il fait l'action d'un honnête homme, d'un homme de cœur ? car voilà de quoi il s'agit : ce que nous cherchons eſt là, ou il n'eſt nulle part. Celui-là appréhende de toucher à un fardeau qu'il trouve au-deſſus de ſes forces & de ſon courage : celui-cy entreprend de le porter, & le porte effectivement. Il faut, ou convenir que la vertu eſt un nom frivole, ou avoüer que l'honneur & la récompense sont dûs à celui qui tente, & qui fait de nobles efforts.

Je sçay que tous les caractéres sont generalement répandus dans le commerce du monde, mais ils se réünissent & se rassemblent avec plus de force à la Cour, on les y peut étudier avec plus de vivacité & même d'un seul coup d'œil ; les rayons du Soleil dispersez sur l'Hémisphere, ont moins de force que lorsqu'ils sont rassemblez au foyer d'un miroir ardent : vous pouvez donc, dans ce grand théâtre du monde, étudier le vrai des mœurs, des caractéres & des passions, par exemple, l'humanité, la douceur, la bonté & la dignité du Maître : la politesse & la simplicité de la plûpart des Grands, l'orgüeil des inferieurs, & la hauteur des petits en géneral, car il y a de l'exception par tout ; l'air important des uns, l'air mysterieux des autres ; l'attention & l'assiduité importune de ceux qui ne sont jamais vûs & qui ne le seront peut-être jamais ; l'inquiétude & l'agitation de ceux qui courent après les bienfaits & les graces ; la jalousie de ceux qui voyent faire du bien aux autres, l'air faux de leurs complimens & de leurs embrassemens ; la legereté & la confiance des jeunes gens, leur air décisif pour juger de tout ce qu'ils ne connoissent point & qu'ils ne veulent pas connoître ; l'avarice, l'ambition hors de saison des Vieillards qui courent après des graces dont ils ne sçauroient joüir, leurs regrets du passé, leur mépris du present ; la souplesse & la bassesse des uns, l'audace hardie & temeraire des autres. Enfin vous pouvez étudier dans ce grand théâtre tout ce qui agite & trouble l'ame & le cœur de tous les hommes.

Etudier à la Cour, dira-t'on, c'est une mer orageuse où l'on est toujours en danger de périr; intrigues cachées, soûterrains dangereux, caresses suspectes, embrassemens faux & intéressez, orgüeil insupportable, sur-tout de la part de ceux que l'aveugle fortune a élevez avec trop de rapidité. Supposons, j'y consens, que ce portrait soit véritable, n'est-il pas nécessaire pour peindre les caractéres que vous cherchiez à étudier d'après nature ? mais pour vous empêcher de tomber dans ces précipices souvent couverts des plus aimables fleurs, ne vous est-il pas permis de trouver quelques guides sûrs & certains qui sçachent vous conduire, tels que la prudence & la verité ; car il faut joindre l'un à l'autre. Soyez vray sans prudence, vous courez souvent risque de vous perdre. Soyez fidele à votre Maître, ne vous mêlez point de ses affaires secretes, ni de celles de ses Courtisans, vous serez prudent & sage; n'ayez ni hauteur ni bassesse : Heureux qui peut s'approcher des Superieurs sans bassesse, & vivre avec les inferieurs sans orgüeil: rendez à chacun ce qui lui est dû, outrez même quelquefois la politesse à l'égard de vos inférieurs, parce qu'ils y sont plus attentifs que les autres, faites avec exactitude, avec zéle & fidelité ce qui regarde vos fonctions, & n'ayez pas l'indigne bassesse de vous ingérer de faire les fonctions des autres, & de vous approprier ce qui leur est dû ; servez-vous des occasions que vous pouvez avoir de parler au Maître pour procurer du bien aux autres préferablement à vous; si vous demandez quelquefois pour vous, que votre demande sans être importune & fatiguante, soit respectueuse, toujours convenable, honnête & légitime; enfin faites-vous une loy de fermer la bouche, quand il faut faire du mal, & de l'ouvrir pour faire du bien; ne cherchez jamais à établir votre fortune sur l'injustice & la ruine des autres; si vous conduisant ainsi, vous échoüez à la Cour, il faudra que votre étoile soit bien malheureuse; mais vous aurez toujours la consolation d'être content de vous, & de n'avoir rien à vous reprocher. Conduisez vous de même dans la vie commune sans orgueil & sans bassesse, avec verité & simplicité; alors les hommes prévenûs en votre faveur se présentant sans masque devant vous, vous feront connoître le naturel sans fard, & vous donneront eux-mêmes la facilité de les étudier; Moliére & Despreaux, ces grands Peintres des mœurs & des caractéres, ont également peint, si je l'ose dire, les masques & les visages, parce qu'ils ont également pratiqué l'un & l'autre, à la Cour, & à la Ville.

Le Peintre doit s'instruire dans l'Histoire & dans la Géographie de la varieté des Mœurs, des Religions, des Coûtumes & des Vêtemens, de la situation des Terres, des Mers & des Climats; les Livres de Voyages lui apprendront la diversité des bâtimens, des arbres, des animaux, des caractéres differens qui sont nécessaires à l'expression. Les caractéres doivent être semblables ou convenables; ils sont pris, ou dans l'Histoire, ou dans la Fable. Ceux qui sont pris dans l'Histoire, doivent être semblables; ceux de la Fable doivent être convenables; ils doivent tous, comme dit Horace, suivre la renommée. L'Histoire nous apprend les traits, la physionomie & la taille des Héros dont elle parle : si vous voulez peindre Alexandre, Jule Cesar, Auguste, Pompée & les autres, ce n'est point assez de les rendre semblables à ces simples portraits, il faut encore y joindre par votre Art une ame, soit par les attitudes, ou les visages qui caractérisent, pour ainsi dire, la leur : car on aime à connoître les grands Hommes jusques dans le cœur, & l'on doit remplir le Spectateur de l'idée qu'il a conceuë sur leur renommée. On peut même quelquefois s'écarter du vrai-semblable pour aller au convenable, & avoir attention, sans perdre de veuë les caractéres, d'embellir toujours ces portraits. Dans la Fiction ou dans la Fable, il ne s'agit presque que du convenable, par exemple, le grand, le majestueux, doivent imposer dans la représentation de Jupiter, la haute dignité dans celle de Junon, la sagesse & la noblesse doivent distinguer Minerve ; le beau, le voluptueux & les graces doivent enchanter dans Vénus, autant que le terrible de Mars, & la fureur de Bellone doivent jetter d'épouvante. Mettez-vous Achille sur la scêne, dit Horace ? qu'il soit infatigable, colére, inexorable, emporté ; qu'il ne reconnoisse ni justice, ni loix, & qu'il attende tout de son épée. Que Médée soit barbare & inflexible : Ino baignée de pleurs ; Ixion perfide ; Io errante, & Oreste agité par les Furies.

Pour remplir tous ces caractéres de la Fable, échauffez & reglez votre imagination par la lecture des grands Poëtes de l'Antiquité, c'est-à-dire d'Homére, de Virgile, d'Anacréon, de Théocrite, d'Horace, d'Ovide & de plusieurs autres. Quelle source inépuisable d'idées grandes & sublimes, aimables, naïves & charmantes ! Le Philosophe Acésilaüs lisoit tous les jours quelque chose d'Homére avant que de dormir, disant qu'il alloit trouver ses amours; faites-vous à son imitation, une loy d'étudier toujours ces grands Hommes; en les lisant vous les aimerez, en les aimant vous les relirez & vous les imiterez.

Aimez donc leurs écrits, mais d'un amour sincere ;
C'est avoir profité que de sçavoir s'y plaire.

Pour vous animer à le faire, souvenez-vous que le Jupiter d'Homére a esté le modéle du Jupiter de Phidias; & s'il faut encore vous exciter par quelques Tableaux d'Homére, en voici quelques-uns qui vous donneront une grande idée des autres.

Description d'une tempête.

Comme l'on voit les flots soulevez par l'orage,
Fondre sur un vaisseau qui s'oppose à leur rage;
Le vent avec fureur dans les voiles frémit;
La Mer blanchit d'écume, & l'air au loin gémit;
Le Matelot troublé, que son art abandonne,
Croit voir dans chaque flot la mort qui l'environne.

Longin qui cite cette Peinture dans son Traité du Sublime, ajoûte qu'Homére ne met pas une seule fois devant les yeux le danger où se trouvent les Matelots, qu'il ne les représente, comme en un Tableau, sur le point d'être submergez par tous les flots qui s'élévent, & qu'il n'imprime jusques dans ses mots & ses syllabes l'image du péril.

Voyons

Voyons cet autre endroit où Homére peint Neptune dans toute sa grandeur & toute sa majesté.

Neptune ainsi marchant dans ses vastes campagnes,
Fait trembler sous ses pieds & forêts & montagnes.

Et dans cet autre endroit.

Il attéle son char, & montant fiérement
Lui fait fendre les flots de l'humide élément ;
Dès qu'on le voit marcher sur ces liquides plaines,
D'aise on entend sauter les pesantes Baleines ;
L'eau frémit sous ce Dieu qui lui donne la loy,
Et semble avec plaisir reconnoître son Roy.

Rapellons encore icy une autre Peinture de Platon qui, selon le témoignage de Longin, est celuy qui a le plus imité Homére. C'est cette description qui peint le lieu champêtre, où se passe le Dialogue entre Phœdre & Socrate. Quel lieu charmant ! s'écrie Socrate ; que ce Plane haut & touffu plaît à la veuë : cet autre arbre ne la charme pas moins par la hauteur de sa cime, & par l'épaisseur de son feüillage ; ces fleurs, dont il est tout couvert, répandent au loin un agréable parfum ! Qui ne seroit charmé de cette fontaine d'où coule une eau si fraîche & si pure ! Les offrandes dont ses bords sont parez font voir qu'elle est consacrée aux Nymphes & au fleuve Achélous : sentez-vous ce doux Zéphire qui a rafraîchi l'air que nous respirons, & qui mêle son soufle au chant harmonieux des Cigales ? Mais ce qui met le comble aux agréments de ce lieu, c'est cette pente douce que la

„ nature semble avoir revêtuë de gazon, pour inviter
„ ceux qui passent à se reposer.

Ce seroit un ouvrage de trop longue haleine, pour ne pas dire infini, que de vouloir faire ici une exacte recherche des beautez sublimes, qui se trouvent dans ces grands modéles de l'Antiquité, qui doivent former le goût des Peintres, & échauffer leur génie à tel point qu'ils puissent se dire à eux-mêmes :

Quelle docte & sainte yvresse
Aujourd'huy me fait la loy?
Chastes Nymphes du Permesse,
N'est-ce pas vous que je vois?

Il n'est pas plus aisé de s'enyvrer ainsi, que d'aller à Corinthe. Il faut un génie & un goût superieur pour estre saisi des beautez de ces respectables Anciens ; heureux qui sçait puiser dans cette abondante source de richesses, qui sçait en faire un beau choix, & les plaçant à propos, se rendre, pour ainsi dire, Original, en imitant ces grands Originaux ! tel a esté Virgile en imitant Homére ; Raphaël en imitant l'Antique ; Racine en imitant Homére, Virgile, Euripide & Sophocle ; Moliére en imitant Plaute & Térence ; Despreaux en imitant Virgile, Horace, Perse & Juvenal ; le Titien en imitant le Giorgion, & le Carache en imitant le Corrége, Michel-Ange & le Parmésan, & ainsi des autres.

Si vous voulez remplir la vaste étenduë de votre Art, variez vos caractéres, tâchez de vous rendre également propre au grand, au tragique, au terrible comme à l'agréable & à l'enjoüé ; par-là vous pourrez attirer les suffrages de la Cour, des Sçavans & peut-être du peuple ; car chacun se plaît à ce qui lui convient : variez vos caractéres, & par la différence des sujets, & par celle des caractéres qui représentent la même chose : le moyen de goûter un Peintre borné par son génie, qui non-seulement ne peint que des Vierges, mais qui les fait toutes semblables les unes aux autres ; Aristophane disoit aux Athéniens, qu'il ne cherchoit pas à les tromper en leur représentant deux ou trois fois la même chose un peu déguisée, qu'il étaloit toujours sur la scêne non-seulement de nouveaux sujets, mais des sujets qui ne se ressembloient point, & qui étoient toujours également beaux, au lieu que les autres Poëtes mettoient toujours dans leurs pieces Hyperbolus & sa mere.

L'étude de la physionomie est d'une nécessité tres-grande au Peintre qui veut exprimer les mœurs & les caractéres, il faut qu'il s'étudie à connoître, & à marquer autant qu'il est possible ce qui forme dans les traits du visage cet air qui fait qu'indépendamment même de la beauté, les uns plaisent, & les autres déplaisent ; ce qui fait que l'on s'intéresse si fort pour les uns, dès le premier coup d'œil, qu'il semble que le cœur vole au-devant d'eux, tandis que l'on conçoit une antipathie pour les autres, qui passe quelquefois du dédain à la haine : il faut enfin qu'il étudie ce qui forme dans les uns cet air aimable, grand & majestueux, & dans les autres, cet air rebutant, bas, ignoble & grossier, cette ame, ou si je l'ose dire, cette espéce de rayon de la divinité, qui brille dans les yeux des uns, dont les traits perçans pénétrent jusqu'au fond du cœur, semblent le captiver & l'attirer dans le même instant qu'ils le frappent ; & par opposition les regards choquants des autres, que vous ne pouvez rencontrer, sans que votre ame se révolte, & sans qu'elle souffre une peine insupportable. L'avantage d'une heureuse physionomie est si considerable, que Vitruve raconte, que Dinocrate Architecte, pour avoir un accés agréable auprés d'Alexandre le Grand, & se confiant à son aimable physionomie, s'alla mettre vis-à-vis de ce Prince, ce qui réüssit effectivement; car Alexandre ayant esté frappé de son grand air, & de ce je ne sçay-quoi qui plaît, ordonna qu'on le fit approcher : ainsi par le seul air de son visage & de sa personne, il obtint ce qu'il souhaitoit.

Vous devez, par l'étude de la physionomie, ajoûter de la force aux caractéres particuliers des personnages que vous représentez aux yeux, cela joint aux expressions, les fera connoître jusqu'au fonds de l'ame; mais il ne faut pas vous en tenir-là pour la perfection de votre Art, il faut encore avoir attention à étudier les physionomies differentes des diverses Nations par rapport aux climats differents, & à leurs differentes maniéres de vivre, de sorte que l'on puisse distinguer par la physionomie générale, non-seulement ceux qui habitent l'Europe, l'Afrique, l'Asie & l'Amérique, mais même ceux qui sont nez dans les divers pays de ces quatre parties du monde. Oseray-je avancer ici, sans trop choquer les gens prévenus, que quoique M. le Brun soit François & Moderne, peu d'Anciens l'ont égalé dans cette recherche; les batailles d'Alexandre en font foy, comme les quatre petits Tableaux des Nations qui font à l'efcalier de Verfailles ; la prévention où les François font fort fujets, eft peut-être ce qui retient ceux qui pourroient le faire, de remplir au jufte ces caractéres : on veut plaire, & les François ordinairement rapportent tout à leurs ufages, à leurs maniéres affectées & à leurs modes préfentes, & trouvent bizarre la fimple nature des fiécles reculez, les ufages des pays éloignez ; je ne fçay fi en revanche les étrangers ne font pas étonnez des perruques, des cheveux poudrez, du blanc & du rouge des femmes, & même de leurs parures ; il faut que la mode embélifle, & forme les graces en France.

Il ne me convient point de parler ici en Philofophe, ni en Mathématicien ; d'examiner fi le chaud & le froid, l'humide & le fec en formant le tempérament de l'homme, déterminent fes mœurs, fes inclinations & la forme du corps, ou fi cela dépend de l'influence des Aftres unis à l'inftant de fa nativité ; fi Saturne le rend pâle, maigre, mélancholique & languiffant ; Jupiter, vénerable, majeftueux & content ; Mars, terrible, féroce, colére & fanguin ; le Soleil, magnanime ; fi Venus le rend gracieux, aimable, fenfible, tendre & fortuné ; Mercure, doüé des qualitez de l'efprit ; la Lune, doux, fociable & humain ; ce détail pafferoit mes forces & les bornes que je me fuis prefcrites ; & comme ce n'eft que par la forme exterieure du corps que le Peintre doit exprimer l'interieur & caractérifer l'ame ; en excitant les Etudians à faire les recherches convenables & particulieres fur cette matiere, je me contenteray de dire quelque chofe en géneral du caractére & du tempérament des hommes par rapport à la ressemblance marquée, que beaucoup de gens ont avec quelque animal particulier. Par exemple, ceux qui ont du rapport avec les Lyons ou les Aigles, sont ordinairement courageux & magnanimes; ceux qui ressemblent aux Bœufs, aiment l'oisiveté, sont lourds & lents dans leurs mouvemens; ceux qui ont du rapport aux Singes, sont d'un esprit borné, malin, & s'amusent volontiers à des bagatelles; ceux qui ont du rapport aux Asnes, sont stupides, ignorans, lents & paresseux; ceux qui ressemblent aux Cochons, sont d'un esprit grossier, incapables d'aucune discipline; ceux qui ont du rapport aux Renards, sont fins & rusez; comme ceux qui ressemblent aux Cerfs & aux Liévres, sont naturellement timides, ainsi des autres; il en est de même de la ressemblance avec les oiseaux; mais pour l'ordinaire ceux qui ont du rapport avec eux, sont volages & legers, & ne demeurent pas long-tems dans la même situation de corps & d'esprit. Toutes ces ressemblances, & beaucoup d'autres qui seroient trop longues à détailler icy, ne se trouvent pas seulement dans toutes les parties du corps, mais aussi dans toutes celles du visage : elles se rencontrent dans le nez, dans le front, dans la bouche, dans les joues & dans les oreilles : mais sur-tout dans les yeux qui sont le miroir de l'ame : enfin les signes de la physionomie se tirent des mouvemens du corps, de la conformation de toutes ses parties; des traits & de l'air du visage, de la diversité du poil, de la polissure de la peau, de la charnure, des couleurs, de la voix même, que le Peintre, à la verité, ne peut exprimer

AUX CONFERENCES DE L'ACADEMIE. 151

qu'en suppléant par la justesse & la vivacité des mouvemens du corps & des gestes; & c'est de quoy j'auray l'honneur de vous entretenir à la premiere occasion, pour remplir ce que je me suis proposé d'établir sur les caractéres, ausquels je joindray ce qui regarde l'expression des Passions.

Les mouvemens de l'ame y sont peints doctement. Cent septiéme vers de l'Epitre.

APrés avoir eu l'honneur de vous entretenir, MESSIEURS, de l'expression génerale & des caractéres, je dois parler de l'expression des Passions qui se fait par les mouvemens du corps ou par les gestes qui doivent donner de l'ame aux figures, & sans lesquels, les Tableaux les mieux composez, les mieux dessinez, peints & coloriez, seroient froids, languissants & inanimez; car, comme le remarque Ciceron, l'action est l'éloquence du Corps.

On sçait que de toutes les choses créées, celles qui sont vivantes sont les seules qui ont du mouvement par elles-mêmes, & que les autres n'en ont que lorsqu'elles sont remuées par des mouvemens étrangers: telles sont la pierre, le marbre, le bois, le fer, enfin tous les corps qui n'ont point en eux cette force interieure qui fait agir, comme la flâme, qui seule a plus de mouvemens qu'aucun des membres de l'homme, ou comme l'ame paroît faire agir le corps.

Il y a trois parties dans l'homme, l'irascible, le concupiscible, & le raisonnable.

L'irascible & le concupiscible lui sont communs avec les autres animaux, & le raisonnable est ce qui le distingue & qui lui est particulier: les deux premiers excitent ces paſſions, comme la colere & l'amour ; & le raiſonnable les arrête ou du moins les modere, & c'eſt ce qui le fait agir d'une façon ou d'une autre.

La Peinture qui eſt une imitation de la nature, auſſi-bien que la Poëſie, & qui cependant étant muette ne ſçait que parler aux yeux, ne peut ſe faire entendre que par les geſtes, ni exprimer les paſſions de l'ame, comme la pieté, la terreur & les autres, que par les mouvemens du corps. Les geſtes doivent toujours avoir un juſte rapport avec la tête, les yeux & les autres parties du viſage. Ils doivent eſtre convenables aux ſentimens que l'on veut exprimer, & ſi expreſſifs & ſi bien caractériſez qu'en voyant les actions differentes des perſonnages, chacun reconnoiſſe & puiſſe dire, voici les geſtes veritables d'un homme de bien ; voici les geſtes affectez & faux d'un Bigot ; celui-là a l'air d'un Héros, celui-ci d'un Fanfaron ; voilà les geſtes d'un capricieux, d'un violent & d'un emporté ; celui-ci a le maintien d'un homme prudent & ſage: voilà l'air naturel, ſimple & grand d'un Seigneur bien élevé, different de l'air haut, audacieux & important d'un riche Bourgeois, qui veut faire croire qu'il eſt de qualité ; cet air ſimple marque l'homme de probité ; cet air faux déſigne le fourbe: voici les geſtes affectez de la coquette, qui veut paroître belle, & les airs naturels de la vraye & ſimple beauté, & ainſi des autres: les mains ſont le principal inſtrument du geſte, nous nous en ſervons pour repréſenter la plûpart des choſes que nous ſentons, où dont nous parlons ; c'eſt par elles que nous indiquons, que nous admirons ; c'eſt par les mains que l'on appelle, que l'on renvoye,
que

que l'on loüe, que l'on méprise, que l'on interroge, que l'on prie, que l'on refuse, que l'on prend, que l'on donne, que l'on ménace; elles sont les instrumens de l'horreur, de la crainte, de la haine, de la joye, de la tristesse & de la douleur : enfin leurs mouvemens sont infinis, & sans elles l'action est languissante & inanimée. Quintilien dit que les autres parties du corps aident à celui qui parle, mais que l'on peut dire que les mains parlent elles-mêmes; il ne faut pas cependant les faire agir par tout, non plus que les bras; car il ne faut pas donner à un personnage des gestes qui ne conviennent point à l'état où il se trouve; le grand abattement, l'extrême affliction, la lassitude, la paresse & la stupidité, quelquefois même la dignité, doivent être exprimez par l'inaction, sans aucun mouvement de bras ni de mains; l'on peut encore ajoûter à cela le grand étonnement qui rend presqu'immobile; la contenance d'un homme qui pense & qui médite est grave & modeste; l'homme vertueux a des actions tranquiles qui sont l'effet de la moderation & de la quiétude de son ame, autant que le vicieux qui tombe dans l'excés, les a turbulentes, ardentes, actives & précipitées. Il ne faut jamais les faire agir avec trop de violence, c'est un défaut que l'on reprocheroit même à des Orateurs vivans, comme on le reprocha autrefois à Curion qui gesticuloit ainsi sans mesure dans un discours qu'il fit, ayant à côté de lui Octavius son Collegue, qui estoit graissé d'onguent à cause de ses goutes; Sicinius dit à Octavius, vous avez de l'obligation à votre Collegue, car sans lui les Mouches vous eussent mangé. Ce ne sont point des gestes outrez ni des mou-

V

vemens violents qui reprefentent vivement la vérité. C'eft une repréfentation naïve, fimple, & noble de la nature que le Peintre doit fuivre pas à pas, & dont il ne doit jamais s'écarter. Les geftes qui font le moins affectez approchent le plus de la nature, & toucheront plus agréablement & plus vivement que les autres; ils doivent être fi naturels & fi naïfs, qu'il femble qu'ils fe foient prefentez d'abord à l'imagination & à l'efprit du Peintre fans qu'il paroiffe qu'il lui en ait coûté ni recherche ni travail. On reprochoit à Seneque qu'il faifoit fouvent parler fes perfonnages les plus furieux, d'une maniere qui faifoit fentir qu'ils avoient paffé la nuit à préparer & à mediter leurs fureurs; ce qui a l'air préparé eft toujours froid & ne fait aucun effet: le feul vray de la nature fçait émouvoir & toucher.

Si la perfection de la Peinture eft de repréfenter les conceptions de l'ame, & de fraper les fens par les geftes & les mouvemens du corps, le Peintre doit éviter avec foin les attitudes équivoques, qui pourroient avoir de la reffemblance à des idées defagréables ou obfcénes; il doit auffi prendre garde à ne donner aucune action qui n'ait un rapport proportionné au caractére qu'il veut reprefenter; n'allez pas donner les geftes pompeux du Cothurne à une phyfionomie commune ou comique, ce feroit une difcordance infupportable, contraire à la nature, à l'art & à la raifon; il faut de la jufteffe, & ne point aller, s'il fe peut, ni au-deffus ni au-deffous de fon fujet. L'attitude d'un Hercule ne convient point à de jeunes hommes effeminez, ni leurs geftes gracieufement affectez au caractére du Dieu des combats. L'apparence du bien nous trompe fouvent;

quelquefois même, en voulant trop bien faire, on prend le faux & l'on tombe dans des puerilitez ridicules, semblables à cet Acteur qui marchoit sur le bout des pieds pour representer le grand Agamemnon, & à qui on cria qu'il le faisoit long & non pas grand, & qu'il falloit le faire rêveur & pensif. Celui-là veut donner dans le grand, il va jusques au gigantesque qu'il place mal-à-propos ; celui-cy veut être simple, il devient froid, rampant, sec & aride ; les beautez même des plus grands Maîtres nous seduisent souvent quand on les imite sans choix & sans discernement ; tant il est vray que ce qui peut produire du bien, produit quelquefois du mal ; des génies emportez par une verve fougueuse & par l'envie de donner dans l'extraordinaire, pourroient se tromper dans leurs études, en devenant trop épris des attitudes hazardées, & des gestes quelquefois affectez, quoique piquants, du Corrége & du Parmesan. Les génies trop froids pourroient de même en manquant de goût, de choix & de discernement, faire un mauvais usage des attitudes & des gestes uniformes dans les bas reliefs antiques & dans les pierres gravées ; cette simplicité noble qui leur est propre ne convient pas toujours au goût pittoresque, de même que la noble simplicité du stile des inscriptions ne conviendroit pas, si je l'ose dire, à la véhemence de l'éloquence & à l'enthousiasme de la Poësie ; en voulant éviter un défaut on tombe souvent dans un autre ; il faut donc que le Peintre, en reglant son génie par la nature & par la raison, rende ses attitudes & ses gestes si convenables à son sujet, qu'il parvienne, s'il se peut, à tromper & abuser l'esprit & les yeux du Spectateur à tel point, qu'il s'oublie pour ainsi dire lui-même, & croye voir la chose representée en original, & non pas une simple imitation; car le principal est de tromper, & celui qui le fait le mieux est arrivé au but & à la perfection de son Art; si la Peinture ne trompe pas les yeux, elle les blesse.

Remplissez-vous si parfaitement l'imagination de votre sujet, que les objets que vous voulez representer s'offrent à votre veüë comme s'ils estoient veritablement presents; vous toucherez plus ou moins le Spectateur, selon que vous l'aurez esté vous-même.

Vous devez vous exciter non-seulement par la lecture de tout ce qui convient à votre sujet, mais en faisant vous même les gestes & les actions des personnages que vous avez à représenter. Aristote dit qu'il faut, autant qu'il est possible, que le Poëte en composant imite les gestes & les actions de ceux qu'il fait parler; car c'est une chose sûre que de deux hommes d'un égal génie, celui qui entre le mieux dans la passion sera toujours le plus persuasif; & une preuve de cela c'est que celui qui est veritablement agité, agite de même ceux qui l'écoutent, & que celui qui est veritablement en colere, ne manque jamais d'exciter les mêmes mouvemens dans le cœur des Spectateurs; ce que Monsieur Despreaux a si bien exprimé d'après Horace.

Il faut dans la douleur que vous vous abaissiez,
 Pour me tirer des pleurs, il faut que vous pleuriez.
Ces grands mots dont alors l'Acteur remplit sa bouche,
Ne partent point d'un cœur que sa misere touche.

Le geste est un langage commun à tous les hommes, par lequel on peut se faire entendre des nations les plus éloignées & les plus barbares. La Nature & l'Art le font suppléer à la parole : c'est pourquoy un Ancien disoit que les Pantomimes avoient les mains parlantes. Et l'on crioit quelquefois à l'Acteur qui avoit fait un faux geste sur le Théâtre, qu'il avoit fait un solecisme de la main. Je vais rapporter à ce propos le témoignage d'un Barbare cité par Lucien. Un Prince de Pont, estant venu à la Cour de Neron pour quelques affaires, & ayant vû un fameux Baladin danser avec tant d'adresse, qu'encore qu'il n'entendît rien de ce qu'on chantoit, il ne laissoit pas de comprendre tout; il pria l'Empereur, en prenant congé de luy, de luy vouloir faire present de ce Pantomime; & comme Neron s'étonnoit de cette demande : C'est, dit-il, que j'ay pour voisins des Barbares dont personne n'entend la langue, & celuy-cy servira de truchement & leur fera entendre par gestes tout ce qu'il voudra.

Le Peintre, par les attitudes & par les gestes, doit non-seulement suppléer à la parole, mais il doit tâcher d'en imiter la force, & d'exprimer les sentimens & les mouvemens de l'ame que la Rhétorique enseigne pour se faire entendre par son Art à toutes les Nations de la terre : les attitudes & les gestes demandent quelquefois de la simplicité, quelquefois de la vivacité, tantôt de la grace, tantôt du terrible; c'est en quoy consiste l'excellence de l'Art, c'est par-là que le Peintre fait connoître la difference des morts & des vivans, celle d'un homme sage à un insensé, d'un homme triste à un homme gay, d'un timide à un audacieux, d'un homme poli, prévenant & doux à un emporté, à un brutal, à un furieux; enfin c'est par-là qu'il sçait montrer aux yeux, par les mouvemens extérieurs du corps, les mouvemens qui agitent interieurement l'ame & le cœur des hommes. Il faut que le Peintre varie ses gestes, comme l'Orateur les inflexions de sa voix; qu'il étudie avec soin ce qui convient à chaque caractére & à chaque passion; car les divers caractéres agissent diversement; par exemple, s'il veut prendre le cothurne & représenter des Heros & des Rois, il doit se servir de gestes majestueux qui doivent être dévelopez, pompeux & grands, quoyque simples & sans affectation; le corps droit, la tête plus haute que basse, les bras & les jambes plutôt éloignez que trop proches les uns des autres; le visage noble, doux, tranquile & sérieux. Si vous placez auprès du Heros dont vous voulez faire briller la Majesté, des gens soumis, dans l'admiration & le respect, vous en augmenterez encore la dignité.

La mélancholie doit être exprimée par la langueur & par l'abattement dans tous les mouvemens du corps; la tête panchée sur l'épaule, les yeux fixez sur la terre. L'affliction qui est plus vive que la simple mélancholie, étant moins abbatuë, fait souvent lever les yeux vers le Ciel: vous augmenterez encore la force de cette expression, si vous mettez auprés de la personne affligée des gens qui la regarderont avec compassion. La douleur qui veut faire pitié doit avoir une action tendre & fléchissante également par le corps, les mains & la tête. La douleur qui cherche à se vanger, a des mouvemens quelquefois graves & quelquefois impétueux ; la violence doit être vive, preſſante & vigoureuſe ; la douleur, ou la grande ſouffrance, agite toutes les parties du corps à la fois. Dans l'humilité, la tête eſt baiſſée auſſi-bien que les yeux, la joye a des geſtes vifs & legers, elle ſe répand en des manieres tendres & ouvertes ; la colere doit être animée, le geſte ménaçant, fier, audacieux, & la tête levée, ainſi que l'arrogance ; le deſeſpoir, violent, outré, agité & furieux : dans l'opiniâtreté, la tête doit être droite, fixe entre les deux épaules, les bras & les jambes fiérement arreſtez, & ainſi des autres. Attachez-vous à imiter ce qui convient à chaque ſexe, & à chaque âge. Ne faites pas agir un Vieillard comme agit un jeune homme ; les mouvemens lents conviennent à celui-là, les prompts & les legers conviennent à celuy-cy. Un enfant ne doit pas avoir les mêmes geſtes qu'un homme plus avancé en âge ; les hommes doivent avoir les mouvemens du corps plus marquez & plus vigoureux que les femmes. Les geſtes doivent auſſi convenir aux mœurs differentes ; les geſtes d'un homme mur, ſage & prudent doivent être differents de ceux d'un évaporé ou d'un jeune extravagant ; c'eſt pourquoy le Peintre doit fort s'appliquer à étudier la nature dans chaque caractére, les mœurs & les paſſions qui ſuivent chaque âge, & tout ce qui vrai-ſemblablement lui eſt propre. C'eſt encore là un de ces importans préceptes qu'Horace nous a donnez, & que Monſieur Deſpreaux a ſi heureuſement conſervez dans ſon Art Poëtique.

Etudiez avec ſoin les manieres d'agir differentes des jeunes gens, de l'homme dans la vigueur de l'âge, du Vieillard, des Riches, des Princes, des Magistrats, du Peuple, & soyez comme ce grand Peintre, qui répondit à celuy qui luy demandoit de qui il avoit appris son Art; qu'il l'avoit appris des hommes.

Ce que les préceptes vous peuvent enseigner là-dessus, se doit prouver par des exemples pris dans les grands Maîtres, & sur tout dans la nature comme le langage de la verité : là vous puiserez une justesse vive & naïve, forte & simple tout à la fois.

Je sçay que pour animer ce qui n'a point de vie, & pour donner de l'action & du mouvement à des personnages qui n'en ont que l'apparence & qui sont immobiles, tels que sont les figures d'un Tableau, on doit quelquefois exagerer; mais il faut que ce soit toujours sans sortir des bornes de la verité, & de la vray-semblance; il faut que ce soit avec tant d'Art, que cet Art même sçache se cacher, pour ne laisser briller que les charmes de la nature qu'il aura pris soin d'embellir. De même que ceux qui font le recit d'un avanture extraordinaire & interessante, ajoûtent volontiers quelque chose à la verité, pour plaire & frapper davantage ceux qui les écoutent.

Il faut prendre garde, dit Lucien, en parlant d'un Pantomime, à garder sur tout la bienséance sans s'emporter au-delà. Car il y a un vice de trop d'affectation, comme dans l'éloquence, lorsque l'on passe la mesure des choses qu'on veut représenter, & qu'on fait trop grand, ou trop petit, ce qui doit être petit ou grand ; sur tout gardez bien les caractéres, soit Rois, soit Princes, gens du peuple, Bergers & autres.

Evitez

Evitez ce défaut que Plutarque reproche à Aristophane, & dont un Peintre éclairé peut faire une juste application. La diction, dit-il, a des differences infinies; Aristophane ne sçait pas donner à chacun ce qui luy est convenable, ce qui consiste à faire parler un Roy avec dignité, un Orateur avec force, un femme simplement, un Particulier d'une maniere prosaïque & commune, un Marchand avec arrogance & fierté; mais il donne à tous ces personnages leur diction au hazard, & vous ne sçauriez connoître si c'est un Pere qui parle, un Laboureur ou un Dieu, une Vieille ou un Heros: faites agir les figures de votre Tableau si vivement & si convenablement qu'elles semblent, pour ainsi dire, avoir l'usage de la parole; car sans cela vos ouvrages seront froids & inanimez, mais que ce soit par des gestes naturels & gracieux; que les mouvemens soient libres, aisez & toujours nobles; que les actions des bras, des mains & de la tête ayent un accord parfait entr'elles, & soient conformes à ce que doivent dire & penser les personnages que vous voulez représenter. Ce ne sont point des contorsions extraordinaires & affectées qui offrent aux yeux le vray, c'est une image pure de la nature toujours simple & naïve, que le Peintre doit suivre pas-à-pas & ne jamais abandonner, en choisissant toujours le plus noble, le plus gracieux & le plus parfait; car le plus ou le moins quelquefois change tout, & c'est un certain tour que l'on donne aux choses qui en fait le précieux; imitez en cela les grands Maîtres, sur-tout Raphaël, Leonard de Vinci, le Dominiquain & plusieurs autres de l'école d'Italie; le Poussin, le Brun, le Sueur & plusieurs autres de l'école Françoise. Dans les Flamans, Rubens, dont il faut cependant démêler ce que le goût & la nature de son pays luy ont pû donner de défectueux. Parmy les ouvrages des Hollandois, on trouvera dans les sujets les plus communs & même les plus bas, une verité simple & naïve tres-estimable, comme dans Rimbrand, Girardou & plusieurs autres. Parmi les Allemands, vous trouverez encore dans Albert-Dure le même naïf & le même vray dans les gestes : l'estime du Grand Raphaël fait mieux son éloge que tout ce que j'en pourrois dire.

Etudiez avec soin les gestes animez des Muets, qui pour reparer ce que la langue leur refuse, s'expriment ainsi quelquefois bien plus vivement que ceux qui ont l'usage de la parole.

Gardez-vous cependant de tomber dans les gestes outrez qu'affectent des esprits emportez & déreglez, par une fureur déplacée, mais inséparable de l'entestement qu'ils ont pour la nouveauté, qui pour vouloir donner dans l'extraordinaire, sont toujours éloignez de leur sujet, & qui pour suivre les chimeres qui les enyvrent, abandonnent toujours le vray, la nature & la raison. Les figures trop fortes & trop hardies dans l'eloquence sont souvent du stile froid ; loin de même ces génies steriles, lourds & languissants, à qui la nature semble avoir dénié la moindre chaleur, qui toujours épuisez, sans avoir jamais rien produit de spirituel, ne sçavent que piller, sans choix & sans goût, les ouvrages des autres. La nature quoyqu'abondante & feconde ne leur fournit jamais rien ; ils la voyent sans la connoître, ils empruntent, à la verité, de ceux qui ont sçû l'imiter, des attitudes & des gestes, mais avec si peu de discernement & de choix, que tout paroît gêné, & hors de place ; les plus belles choses imitées ou copiées par des gens sans goût & sans génie, & placées où elles ne conviennent point, deviennent ordinairement froides & languissantes. Nous avons vû beaucoup de Comédiens ne pas réüssir parmi les gens de goût pour avoir affecté de copier servilement la voix, les gestes & la déclamation d'un grand Acteur, & qui n'étant pas du même génie que luy, n'en ont imité que des gestes & des tons, qui ne leur estant pas naturels, leur ont donné une espece de ridicule ; on en a vû même qui se flattant de plaire au public ont cru devoir imiter jusqu'au défaut que luy avoit causé la passion outrée qu'il avoit pour le tabac : semblable à ce qu'on dit aux Disciples de Portius Latro, qui pour imiter la pâleur que leur Maître avoit contractée par ses veilles & par ses travaux, bûrent du cumin qui a la vertu de rendre pâle ; on croit souvent imiter les grands Maîtres, & on ne leur ressemble que par leurs défauts. Les spectacles me paroissent fort necessaires à ceux qui veulent se perfectionner dans la Peinture, & je ne suis pas surpris de ce que les Peintres & les Sculpteurs de l'Antiquité qui vouloient se distinguer par rapport à l'imitation des passions, dans les gestes & les attitudes, alloient toûjours étudier dans les spectacles publics, & y dessinoient les attitudes & les gestes qui representoient le plus vivement les mouvemens de la nature, soit par les Acteurs, les Danseurs ou les Pantomimes. En effet combien de choses ne dit-on point des grands Acteurs de l'Antiquité entre plusieurs autres? j'en rapporteray une qui me paroît aussi singuliere qu'hardie. Neron avoit empoisonné son pere, & fait noyer sa mere ; le Comedien Datus dans une satyre qu'il chanta à la fin d'un Piece, disant ; *Adieu mon pere, adieu ma mere* ; représentoit par ses gestes une personne qui boit dans l'eau, & qui se noye ; & ajoûtant sur la fin, *Pluton vous tire par les pieds* ; représentoit par ses gestes, le Senat que ce Prince avoit menacé d'exterminer. Les Anciens n'avoient pas seulement perfectionné l'Art du Comedien, mais encore celuy du Danseur & du Pantomime, qui étoit poussé à un si haut point, qu'un seul homme représentoit les Histoires, les Fables, les mœurs & les passions differentes, & les differens personnages, & contrefaisoit par les seuls gestes les diverses attitudes & les mouvements du visage, tantôt le joyeux, tantôt l'affligé, tantôt le furieux, l'amoureux & le raisonnable, tantôt le doux, tantôt le colére, & les deux contraires presqu'en même tems : Pline rapporte plusieurs choses sur ce sujet, & je ne puis m'empêcher d'en dire ici quelques-unes, parce qu'elles marquent la force du geste. Un Philosophe Cynique qui n'approuvoit pas les spectacles, & en particulier la danse & l'Art du pantomime, disant que ce n'étoit qu'une suite de la Musique à laquelle on avoit ajouté des gestes, & des postures pour faire mieux entendre ce qu'on joüoit, mais qu'elles étoient le plus souvent vaines & ridicules, & qu'on se laissoit piper à la mine, aidé du geste & de l'harmonie ; alors un illustre Pantomime du tems de Neron qui avoit le corps excellent, & qui sçavoit fort bien son métier, le pria de ne le point condamner sans l'avoir vû, & faisant cesser les voix & les instrumens, il représenta devant luy l'adultere de Mars & de Venus, où étoit exprimé le Soleil qui les découvroit; Vulcain qui leur dressoit des embûches; les Dieux qui accouroient au Spectacle; Venus toute confuse; Mars étonné & suppliant, le reste de la Fable avec tant d'artifice, que le Philosophe s'écria, qu'il luy sembloit voir la chose même, & non pas sa représentation; & que cet homme avoit le corps & les mains parlantes.

Un Barbare ayant vû cinq masques & cinq habits préparez pour un Ballet, & ne voyant qu'un danseur, demanda qui feroit les autres Personnages; & comme il eut appris que le danseur les joüeroit tous luy seul: Il faut donc, dit-il, que dans un seul corps il y ait plusieurs ames; c'est pour cela que les Romains les ont appellez Pantomimes. Un ancien Philosophe alloit voir les Pantomimes pour s'instruire, & disoit qu'ils avoient les mains sçavantes. Les Pantomimes & les Comédiens de l'Antiquité ne se contentoient pas d'exprimer vivement & naturellement par des gestes une passion, un recit, un mot; ils sçavoient varier la même chose de plusieurs façons differentes. Il faut de même que le grand Peintre, industrieux & fecond, pour ne point tomber dans ce qu'on appelle maniere, s'efforce à varier non-seulement en représentant les choses differentes, mais en représentant même les semblables: cette varieté est si naturelle & si necessaire, qu'elle doit suivre la varieté des temperamens. L'homme est composé de quatre humeurs qui ont rapport aux quatre élemens, c'est-à-dire de flegme qui représente l'eau; de bile ou de mélancolie, qui représente la terre;

de sang, qui représente l'air; & de colere, qui représente le feu : ils agissent d'une maniere ou d'une autre, selon que ces humeurs dominent plus ou moins en eux : le bilieux aura le geste lourd & pesant, les membres souvent croisez & resserrez, le coloris jaunâtre : le flegmatique aura le geste un peu moins lourd, mais un peu pesant, les mouvemens aussi lents, soumis, humbles & craintifs, le coloris d'un blanc pâle : le sanguin a les gestes temperez, legers, élevez & gracieux; la couleur vive & animée : la colere a des gestes véhemens, violens, impétueux, interrompus, le visage rouge & enflâmé, aussi-bien que les yeux. Beaucoup de Peintres ne connoissent de caractéres & de passions que ce que leur présente leur propre temperament; ils sont eux-mêmes les modéles & les originaux de leurs Ouvrages. On leur peut appliquer ces Vers de Monsieur Despreaux.

Souvent, sans y penser, un Ecrivain qui s'aime,
Forme tous ses Heros semblables à soi-même.
Tout a l'humeur Gascone, en un Auteur Gascon.
Calprenede & Juba parlent du même ton.
La nature est en nous plus diverse & plus sage :
Chaque passion parle un different langage.
La colere est superbe & veut des mots altiers :
L'abattement s'exprime en des termes moins fiers.

Je le repete encore, & ne puis trop le dire; le grand Peintre doit exprimer si parfaitement les caractéres par les gestes, que le Spectateur s'imagine voir en effet les choses dont il ne voit que la représentation; qu'il se persuade, pour ainsi dire, entendre des paroles, quand même on ne parle pas. Les mouvemens du corps & les gestes doivent être si naturels, & si vrais, que de même qu'aux Comédies de Moliere, le Spectateur reconnoît son caractére particulier, & se persuade qu'il a été lui-même l'original que l'Auteur a voulu copier. Il arrive cependant qu'en voyant ces portraits ressemblans, l'amour propre fait que nous ne nous approprions que les traits les plus beaux & les plus avantageux, & que nous appliquons aux autres nos propres couleurs, quand elles nous paroissent ridicules ou vicieuses.

Tout contribuë dans les Spectacles à l'instruction du Peintre ; les idées, les images & les passions exprimées par la Poësie & par les gestes des grands Acteurs ; les postures, les attitudes, la noblesse & la grace du Ballet & des Danseurs ; les Spectateurs mêmes donnent une ample matiere pour étudier les gestes ; l'admiration des uns, le dédain & le mépris des autres, l'indolence de ceux-ci ; la vivacité des gestes, que produisent la prévention & les disputes, pour ou contre la Piece ; le maintien different des Auteurs, leur inquiétude, leur jalousie ou leur satisfaction ; le caractére de ceux qui viennent aux Spectacles sans se soucier de le voir, mais uniquement pour y être vûs ; enfin cent autres caractéres qui seroient trop longs à détailler, & que l'on peut étudier & connoître par les gestes. Si les Spectacles peuvent être utiles aux Peintres ; s'ils doivent étudier les gestes des Acteurs, des Danseurs & des Pantomimes : ces derniers peuvent aussi s'instruire sur les grands Peintres, & sur la beauté de la Peinture.

Lucien dit que le Pantomime doit emporter de la

Peinture & de la Sculpture, les diverses postures & les contenances; en sorte qu'il ne le cede point à Phidias ni à Apelle pour le rapport: les Arts doivent se prêter mutuellement leur secours, ils se ressemblent toujours en quelque chose. Aristote dit que la Tragédie est une imitation d'une action, & par consequent elle est principalement une imitation de personnes qui agissent. Ce que ce Philosophe dit de la Tragédie convient également à la Peinture, qui doit par l'action & par les gestes exprimer tout ce qui est du sujet qu'elle représente, & ce qui luy convient, donner par un art enchanteur, du mouvement à des figures feintes & immobiles, & faire connoître les sentimens & la pensée de personnages qui ne parlent point. L'on ne finiroit point si l'on vouloit épuiser ce qui se peut dire sur les gestes & sur l'action. Je finiray cependant par ce passage, qui convient également à la Peinture & à l'Eloquence. Quand on demanda à Demosthene quelle étoit la premiere chose dans l'art de bien parler, il répondit, l'Action. Comme on luy demanda quelle étoit la seconde & ensuite la troisiéme, il répondit toujours, l'Action.

Cent soixante-cinq & cent soixante sixiéme Vers de l'Epitre.

Que dans tous vos sujets la passion émuë,
Aille chercher le cœur, l'échauffe & le remuë.

DAns la Conférence où j'ay parlé sur l'Action & sur les Gestes; je remarquay, MESSIEURS, qu'ils doivent avoir un juste rapport & une harmonie parfaite avec la tête & les parties qui la composent. Il s'agit donc maintenant de parler des effets que les mouvemens de l'ame font sur le visage, & en même temps pour

pour mettre une sorte de fin à ce que j'ay déja dit de l'expression. Donner une idée des Passions.

Il paroît que la tête est ce qui donne le plus de vie & de force à l'expression des passions; les parties du visage semblent mettre au dehors les mouvemens les plus secrets de l'ame; & s'il les peint vivement, les yeux qui le reglent en paroissent être les interpretes; leurs mouvemens divers font connoître les diverses affections du cœur. Il semble que nous les ayons reçûs de la nature pour déclarer nos sentimens; ils diversifient leurs regards suivant nos differentes passions; ils découvrent tantôt le plaisir & la joye, tantôt la tristesse & la langueur, l'admiration, le dédain, la sévérité, la colere, le desespoir, la fureur, en un mot toutes les passions: mais comme toutes les parties du visage s'alterent ou se changent, lorsque l'ame est émuë, il sera bon d'examiner les differentes passions & les effets qu'elles produisent.

Toutes les actions de l'appetit sensitif sont appellées Passions, d'autant qu'elles agitent l'ame, que le corps y pâtit & s'y altere sensiblement. Ces agitations & ces divers changemens causez par le desir du bien & l'appréhension du mal, doivent être l'objet principal de l'étude du Peintre, qui veut s'élever au-dessus des autres; car se conformant toujours à la nature, il doit par la justesse & les effets que les passions font sur le corps, répandre une ame dans toutes les parties du Tableau, qui en composant un tout vivant & animé, arrête, frappe & saisisse le spectateur de telle sorte, qu'il semble se rendre maître de son cœur.

Comme le Peintre ne peut exprimer les passions sans

les connoître; & que leur nombre est presque infini; examinons du moins les principales.

Toutes les passions naissent de la consideration du bien & du mal; c'est pourquoy l'on pourroit dire qu'il n'y en a que deux, c'est-à-dire le plaisir & la douleur, quoy qu'ordinairement on en admette onze; sçavoir, l'amour, la haine, le desir, la fuite, l'esperance, le desespoir, le plaisir, la douleur, la peur, la hardiesse & la colere; plusieurs n'en connoissent qu'une, à laquelle ils rapportent toutes les autres, qui est l'amour; mais pour moy (je ne sçay cependant si je dois hazarder de le dire) je suis quelquefois porté à croire qu'il n'y a de passions que l'amour propre; nous aimons, & nous haïssons par rapport à nous-mêmes; nous desirons ce qui nous est utile, ou ce qui nous fait plaisir; nous haïssons ce qui nous est contraire, & l'esperance du bien flatte nos desirs; mais pour ne point s'embarrasser par leur multitude, on peut convenir qu'il n'y en a que six principales dont les autres sont composées, & dont elles prennent leur origine; sçavoir, l'admiration, l'amour, la haine, le desir, la joye & la tristesse.

Avant que d'entrer dans le détail des orages dont les passions agitent l'ame & le corps, il faut dire que lorsque l'ame est dans le calme, il regne en même temps un air naturel & serain dans le visage; la figure, la couleur n'y sont point alterées, & toutes ses parties qui changent selon qu'elles se meuvent, ou qu'elles se reposent, ne perdent rien du rapport regulier qu'elles ont entr'elles; & c'est-là ce qu'on appelle la tranquilité de l'ame, qui est le caractere de la sagesse, de la constance, & de toutes les grandes vertus que les plus violentes passions n'ont jamais le pouvoir d'attaquer & de troubler.

Qu'est-ce que la sagesse ? une égalité d'ame,
Que rien ne peut troubler, qu'aucun desir n'enflame.

Revenons à present aux caractéres des Passions, & commençons par l'Admiration.

Lorsque l'ame est subitement surprise par la premiere rencontre de quelque objet qui luy paroît nouveau, rare, singulier, extraordinaire, & par consequent digne d'être fort consideré, les mouvemens des esprits semblent se porter vers l'endroit du cerveau où cette impression s'est faite, & le frappes en certaines parties ausquelles il n'a point accoûtumé d'être touché; c'est ce qu'on appelle l'Admiration; le mouvement subit que cette passion cause, paroît dés sa naissance avoir toute sa force, à cause de la surprise & de l'impression inopinée qui change les mouvemens des esprits, & ce qui luy est absolument particulier, sa force étant produite par la nouveauté, & n'ayant d'abord pour objet ni le bien ni le mal, mais seulement l'idée ou la connoissance de la chose qu'on admire; le cœur y ressent moins d'agitation que dans les autres passions; quoyqu'elle semble être la premiere & la source des autres, elle est cependant la plus temperée; le visage ne paroît point y souffrir de changemens fort considerables, la bouche y est seulement entr'ouverte sans beaucoup d'alteration; les yeux sont de même plus ouverts qu'à l'ordinaire, la prunelle fixe entre les deux paupieres, & les sourcils un peu relevez, les narines s'enflent un peu.

Le grand Peintre cependant, qui doit toujours avoir égard à la diversité des caracteres, doit les observer dans l'admiration; car le stupide & l'hébêté admirent autrement que l'homme d'esprit; le sot n'est pas ordinairement fort porté à l'admiration; ceux qui veulent faire les importans & les capables, croyent qu'il est du bon air de n'être frappez de rien; ils affectent même d'être indifferents en voyant les plus belles choses, ce qui ne peut venir que de leur sotte vanité ou de leur ignorance. L'homme de bon esprit, que la bonne opinion de soi-même n'aveugle pas, est plus naturellement porté à l'admiration; l'on voit dés qu'il admire, qu'il cherche à s'instruire, & à acquerir la connoissance des choses qui le surprennent, & qu'il avoit jusques-là ignorées; toutes ces differences-là ne vont que du plus au moins dans les traits du visage; cependant c'est ce plus ou ce moins qui représente vivement la nature qui touche & qui saisit. De l'admiration naît l'étonnement, & quelquefois l'amour.

L'on peut dire qu'il y a plusieurs sortes d'amours; l'amour des choses bonnes, & l'amour que l'on a pour les belles; l'amour de bienveillance, & l'amour de concupiscence qui fait desirer la chose qu'on aime. C'est une émotion de l'ame qui l'incline à se joindre à ce qui lui paroît aimable, & qui ayant pour objet la beauté, employe pour la posseder le desir, l'esperance &c. Tout ce qui plaît paroît beau; cependant il faut convenir que la veritable beauté est une juste proportion des parties, accompagnée d'une couleur agreable & de la grace; cela est incontestable, & prouve bien que la perfection de la Peinture consiste dans le dessein, coloris, & une certaine vivacité dans la maniere de penser & d'executer, qui est ce mouvement qui sert à la grace, qui rend la beauté vive & piquante, & sans laquelle elle est souvent fade, insipide & sans attraits.

C'est cette beauté jointe aux graces qui fait naître l'amour, & qui occupe tellement l'ame de l'objet aimé, qu'elle semble employer tous les esprits qui sont dans le cerveau à luy en représenter uniquement l'image. Un amant passionné aux pieds de sa Maîtresse, dans une idolâtrie qui l'attache à elle, oublie le Ciel & la Terre, & s'oublie dans ce moment lui-même ; les plaintes ont leur plaisir, & les larmes enchantent quand on les répand auprès de ce qu'on aime.

En effet, rien ne paroît comparable dans la nature à l'objet qui nous enchante ; le cœur toujours ingénieux à se tromper, trouve de faux prétextes pour s'affoiblir lui-même, & refuse d'entendre la voix importune de la raison, pour s'abandonner aux desirs impétueux que l'objet aimé fait naître souvent, même dans le cœur des plus sages ; car les plus sages ne sont pas sages en tout. Quelqu'un demandant à Zenon si les Sages ne devoient point aimer ; il répondit que si les Sages n'aimoient pas, il n'y auroit rien de plus malheureux que les belles ; parce qu'elles ne seroient aimées que des fols.

La premiere blessure que l'amour fait naître dans une ame est presqu'incroyable ; l'on se flatte quelquefois que la raison pourra la combattre, & c'est dans ce même instant qu'il sçait vaincre & triompher sans même qu'on s'en apperçoive ; d'autant plus que dans sa naissance il n'est accompagné que des graces, des jeux, des ris, de l'enjouëment & des plaisirs : l'envie de plaire à ce qu'on aime, produit quelquefois d'heureux effets ; elle rend polis les plus grossiers ; elle fait cultiver & briller l'esprit ; elle éleve même le courage, & porte le cœur & l'esprit à parvenir à ce que la gloire a de plus éclatant. Tel fut la destinée de ce Maréchal d'Anvers, qui pour parvenir à la possession de l'objet qui l'avoit vivement touché, d'ouvrier grossier qu'il étoit, devint un Peintre estimé. Il faut convenir cependant, que ces heureux effets dépendent du bon caractére de celuy qui aime & de l'objet aimé ; car si la beauté qui vous captive peut vous porter au bien, elle peut de même vous entraîner à ce qu'il y a de plus condamnable, & dans les précipices les plus dangereux. Il faut encore ajoûter que si l'amour dans sa naissance paroît n'avoir rien que d'aimable, à mesure qu'il croît & qu'il s'aggrandit, il abuse de ses forces ; non-seulement il regne dans les cœurs en superbe Tyran, mais il y entretient encore des guerres cruelles & secretes ; son aveuglement furieux le porte même jusqu'à troubler son empire par toutes les passions qui le suivent & qui l'environnent ; les desirs inquiets, la crainte, les soupçons, les tristes fureurs de la jalousie, la haine & la colere qu'un rival inspire, &c. Il est d'autant plus dangereux, que sous les apparences les plus aimables, il sçait vaincre dès qu'il attaque, & triomphant des plus grands cœurs & des Maîtres de la terre, il renverse les Etats, produit les plus sanglantes guerres, & rend souvent un peuple entier victime d'un seul homme, dont l'aveugle passion l'entraîne avec luy dans les malheurs les plus affreux. L'embrasement de

Troye a suivi de près les feux illégitimes que l'amour alluma dans le cœur de Pâris; enfin plus la vertu luy résiste, plus il s'efforce à la vaincre; & s'il ne peut absolument la détruire, il parvient du moins à l'affoiblir; & l'on peut dire que cette passion à qui les Poëtes & les Peintres ont donné la figure d'un Enfant, paroît le pere le plus cruel de toutes les passions, dont la foiblesse de l'homme augmente encore les forces.

Il n'est pas aisé de donner des regles particulieres aux Peintres sur la maniere d'exprimer cette passion, puisqu'elle renferme en elle toutes les autres; cependant il paroît que dans cette agitation de l'ame les divers mouvemens des yeux se rencontrent, le plaisir les fait briller avec une sorte d'avidité, la tristesse les abbat, le desir les fait avancer au dehors, le respect & les égards les abaissent, le dépit les enflâme, la crainte les rend inquiets, quelquefois les yeux riants ou languissants font sortir leurs regards comme à la dérobée, les paupieres s'abaissent doucement, en se fermant à demi, & dans l'heureuse situation où l'ame noyée dans la joye, n'est occupée que des idées gracieuses & des visions qui l'enchantent; le front est toujours riant, il semble qu'il s'ouvre & qu'il s'étende, & la rougeur s'y fait souvent remarquer, aussi-bien que sur les jouës & sur les lévres.

Le Peintre doit encore étudier les momens où l'amour se joignant à la tristesse, cause une langueur qui paroît souvent aimable; elle est quelquefois causée par le desir d'un bien que l'on attend, & dont l'acquisition paroît incertaine; alors l'ame semble se relâcher, & le corps reste sans mouvement; les sens oublient leurs fonctions, le regard devient fixe, il se fait une suspension generale de toutes les facultez animales; & le doux abattement n'étant point causé par la surprise, & n'étant formé que par le temps qui fait naître de tristes refléxions, cause souvent des larmes que l'on prend quelquefois plaisir à répandre.

L'amour qui cherche à se cacher n'est pas si aisé à représenter, parce qu'il est plus difficile à connoître; & si le masque cache le visage, les yeux qui sont toujours découverts sçavent le dévoiler; & c'est souvent lorsqu'il veut se cacher qu'il se rend plus suspect, surtout aux amants inquiets & jaloux, qui sont toujours plus pénétrans que les autres. Le grand Peintre doit encore distinguer les effets differens de l'amour & de la tendre amitié, qui dans l'exterieur ne vont quelquefois que du plus au moins; non-seulement parce qu'un veritable ami est un autre vous-même, mais parce que les passions & les mœurs sont souvent de même nature. L'amour des grandeurs produit l'ambition & quelquefois l'orgüeil; l'amour des richesses fait l'avare; l'amour du vin, l'yvrogne, ainsi du reste. De même que l'esprit a ses lumieres, le cœur a ses passions; & selon que l'esprit connoît, le cœur aime ou hait: la haine aussi-bien que l'amour peuvent être représentez à l'ame par les sens exterieurs, ou bien par les interieurs, ou par sa propre raison; de même qu'aimer est vouloir du bien, haïr n'est que vouloir du mal. Nous avons deux sortes de haines, comme nous avons deux sortes d'amour; nous aimons également les choses que nos sens exterieurs nous font paroître belles ou bonnes. Nous haïssons de même celles qui

nous

nous paroissent laides ou mauvaises ; & quoyque ce qui vient à l'ame par les sens, la touche plus fortement que ce qui luy vient par la raison, la haine qui nous vient des choses laides ne cause souvent que l'aversion ; & celle que nous avons pour les mauvaises, cause souvent l'horreur : la haine & l'aversion ne different pas beaucoup : la haine, quoyque la plus déreglée des passions, n'est pas toujours la plus marquée sur le visage ; cependant, aussi-bien que l'amour qui luy est opposé, ses regards & ses mouvemens la trahissent quelquefois : semblable encore à l'amour, elle entre dans l'ame comme un subtil poison qui ronge le cœur peu à peu : les injures, les fureurs de la jalousie causée par les mouvements inquiets de l'ambition, ou les funestes enchantemens de l'amour ; quelquefois même une sorte d'antipathie dont on n'est pas le maître, luy donne naissance ; l'envie la nourrit : la malignité, l'imposture, sur tout la calomnie, sous laquelle les plus sages ont peine à ne point succomber ; tout ce qui jette enfin l'ame dans la fureur & dans l'horreur des cruautez, l'accompagne ordinairement, & ne l'abandonne presque jamais.

Les hommes d'un esprit foible & borné, toujours timides, lâches & envieux, s'abandonnent plus aisément à cette passion que les autres hommes, aussi-bien que les vieillards & les mélancoliques : toujours défiants & craintifs, faux & dissimulez, ils se servent ordinairement de soûterrains pour parvenir à des vengeances basses. Les hommes généreux, au contraire, méprisent souvent leurs attaques ; & quand ces ames viles les forcent à les haïr, ils les combattent ouvertement sans cacher leurs armes, animez & conduits par la confiance qu'ils ont en la verité. La lâcheté est contraire au courage, comme la peur & l'épouvante le sont à la hardiesse. Quand la haine ne fait que de naître, tout le visage paroît morne & abattu, aussi-bien que les yeux qui paroissent ternes & fixes contre terre, les sourcils sont abattus, la bouche paroît entr'ouverte & méprisante, la lévre de dessous s'avance, & les dents paroissent quelquefois serrées; mais après ce sombre chagrin suivi des mouvements de dépit, de dédain & d'indignation par lesquels elle fait connoître ses tristes commencements, elle semble se réveiller tout-à-coup de cette espece d'assoupissement, & se déclare par les mouvements les plus impétueux; l'on frappe du pied, l'on menace, on se mord les lévres, les yeux sont ouverts, hagards, les sourcils s'élevent du côté des tempes. Si l'objet de la haine paroît, on pâlit, on tremble, on frissonne, on tourne la teste d'un autre côté en jettant des yeux de travers sur luy : tantôt on se proméne à grands pas, tantôt on s'arrête tout court, & ces mouvements divers se succédant les uns aux autres jusqu'à la colere, les yeux deviennent rouges & étincelants, le visage est enflammé, les lévres sont tremblantes; & l'air menaçant designe un desir de vengeance souvent injuste & presque toujours funeste.

Quoyque le Desir soit une passion qui semble venir après l'amour, elle ne laisse pas de suivre la haine en voulant éviter ce mal par l'apparence même du bien. Quel plaisir pour un vindicatif qui se croit outragé, de s'occuper & de s'enyvrer, pour ainsi dire, des defirs de la vengeance ! L'ame dans cette agitation n'envisage pour l'avenir que les choses qu'elle se présente convenables à sa situation, soit qu'elle aime, ou qu'elle haïsse : la colere alors, fille de la haine, toujours impetueuse & turbulente, agitée par les humeurs les plus malignes, luy fait regarder comme un bien la funeste douceur de se venger ; mais laissons-là ces noires idées : la Peinture de la haine m'a insensiblement entraîné jusqu'à la passion du desir.

Il y a plusieurs sortes de desirs. Il y en a où l'ame semble se servir de ses aîles pour s'élever à tout ce que la vertu a de plus éclatant, & même jusqu'au Ciel ; & d'autres où paroissant tout d'un coup abattuë, elle s'abaisse & se livre à tout ce qu'il y a de plus indigne & de plus vicieux. Il y a des desirs que la pieté enflamme ; d'autres qui sont excitez par la Gloire ; d'autres par l'ambition, l'avarice & la convoitise. Il est d'une nécessité indispensable aux Peintres d'observer tous ces caractéres. N'allez pas peindre les desirs que l'amour de Dieu allume dans une ame, comme les desirs de l'amour profane. L'expression du caractére de Sainte Therese seroit mal renduë, si elle avoit quelque rapport à ce qu'on nous dit de l'expression de la fameuse Venus d'Apelles. Songez que le caractére & la physionomie y doivent toujours convenir, & que sans cette juste harmonie, vous serez toujours dans le faux. Les regards sont les veritables images du desir : quelquefois les yeux sont fixes & attachez à leur objet : quelquefois par la meditation & la forte attention que l'on a à se representer un bien dont on est privé, les yeux s'obscurcissent & s'enfoncent, l'on tombe dans la langueur, on est abattu & presque sans mouvement : la douleur de la privation du bien desiré fait répandre des larmes : quelquefois lorsqu'une idée flatteuse & agréable nous en fait esperer la possession, le corps est tout en mouvement, le visage s'enflamme, les yeux paroissent avides & devorants, ils font éclater une ardeur & une pressante vivacité qui les avance au-dehors; l'impatience s'y joint, aussi-bien que l'inquietude & l'irresolution, & quelquefois la hardiesse, l'audace même & la temerité. Enfin les desirs se mêlent avec toutes les autres passions, ils ne peuvent se borner, ils commencent & n'ont point de fin : l'on desire la grandeur par ambition, les richesses par avarice : plus on est grand, plus on veut l'être : plus on possede de bien, plus on en desire, sans toutefois y toucher, & ordinairement dans l'âge où l'on doit bien-tôt les quitter : l'on desire tout ce qu'on ne possede point, tandis que l'on est indifferent pour ce que l'on possede, qui est desiré par d'autres. D'où vient, Mécénas, dit Horace, qu'il n'y a personne qui soit content de son sort, & qui n'aimât mieux tout autre état de vie que l'état où il est, soit qu'il l'ait choisi luy-même, ou que le hazard l'y ait engagé ? Marchands que vous êtes heureux, dit le soldat qui a vieilli dans les fatigues de la guerre ! Soldats que vous êtes heureux, dit le Marchand qui voit fondre l'orage sur son vaisseau. Enfin le desir est une passion si sujette au changement, qu'elle me paroît également difficile à peindre & à décrire. Il faut cependant convenir que les desirs qui nous portent à nous éloigner du mal, nous portent quelquefois à la colere, à la haine, & nous jettent souvent dans une tristesse accablante ; & que ceux qui nous portent à nous approcher du bien, sont ordinairement accompagnez de l'amour, de l'esperance & de la joye.

La joye naît de l'amour & de l'esperance que l'on a de posseder un bien ardemment souhaité ; mais elle augmente & devient plus forte & plus vive dans la possession & la joüissance de ce même bien : alors elle remplit l'ame d'émotions & de mouvements si agréables & si pleins de charmes, qu'elle semble se trouver en cet instant dans le seul état qui luy convient le mieux, & dans la situation la plus charmante. Il y a des joyes où le corps a très-peu de part, & où l'ame seule paroît occupée : ce sont des joyes intérieures qui la remplissent d'une douce volupté, & qui par des charmes secrets l'entraînent dans une aimable rêverie qui amuse, occupe, ravit & enchante. L'idée gracieuse de ce que l'on desire, jointe à l'espoir de le posseder, cause souvent cette joye que réveille quelquefois le seul souvenir du passé : il arrive aussi que la joye occupe entiérement le cerveau sans la participation de l'ame : un air temperé & serein, la situation d'un lieu agréable & tranquille ; que sçais-je ? Des bois, des fleurs, des ruisseaux, des fontaines ; le chant des oiseaux porte l'imagination à des idées douces & agréables qui font naître la joye & la gayeté, sans que l'entendement y ait aucune part. Le grand Peintre doit varier & distinguer ces especes de joye differentes dont je viens de parler : celles qui sont vives & enjoüées & qui naissent du plaisir, se forment tout à coup, & semblent prendre toutes leurs forces dès le moment de leur naiſſance : telle eſt la joye d'un amant qui revoit ce qu'il aime dans le tems qu'il a perdu l'eſpoir de le revoir : dans ce changement ſubit, le plaiſir éclate & brille dans ſes yeux, ſon viſage paroît enflammé de l'ardeur qui regne dans ſon cœur, il devient vif & riant ; il ſe mêle ſouvent à cette gayeté une ſorte de douceur dans les yeux qui ſemble leur faire échaper des regards tendres & languiſſans, ſuivis quelquefois de larmes cauſées par la joye même, & qui ſemblent ſe mêler & ſe confondre avec le feu dont les yeux ſont enflammez, & les ris gracieux de la bouche, dont les lévres humides s'embéliſſent par un coloris plus rouge & plus éclatant.

Telle eſt encore la joye d'un ambitieux revêtu tout d'un coup d'honneurs, d'emplois, de charges ou de dignitez : tout plein dans ce moment des tranſports de joye qui l'occupent, il oublie tout juſqu'à luy-même, il n'eſt rempli que de ſa ſituation preſente ; & hors d'état de prévoir ny d'enviſager les inquietudes, les embarras & peut-être les chagrins dont il va être environné ; alors ſon viſage de pâle, de triſte & ſevere qu'il étoit, prend une couleur vive & paroît avec un nouvel embonpoint : s'il étoit malade, il ſort du lit ſubitement : s'il eſt boiteux, il jette ſes bequilles, & vôle au lieu de marcher : les rides qui formoient de triſtes nuages ſur ſon front ténébreux, s'écartent dans l'inſtant pour y laiſſer regner le calme & la ſérénité : ſes yeux animez & petillants deviennent tout-à-coup inquiets & agitez, de même que toutes les parties de ſon corps qui ne ceſſent d'être en mouvement.

Telle est encore la joye d'un avare à l'aspect de ses tresors cachez, de l'amas monstrueux des sacs d'or & d'argent sur lesquels il s'endort ; il les devore des yeux avec une joye inexprimable, & son visage quoyque plus pâle, est à peu près dans les mêmes mouvemens que celuy d'un Amant passionné auprés d'une Maîtresse qu'il adore, & qu'il craint en même temps qu'on ne luy ravisse.

L'on ne finiroit pas si l'on vouloit détailler toutes les joyes différentes, & les divers sujets qui les font naître : on entreroit peut-être dans de trop petites circonstances, si on vouloit décrire la joye d'un joüeur qu'un coup de dez enrichit tout-à-coup, tandis que son adversaire plein de douleur & de rage, se trouve au même moment dans la misere la plus cruelle & la plus triste. Quelle joye pour un Poëte de trouver auprès d'un bois, un mot ou une rime qu'il avoit long-temps & vainement cherchez ! Quelle joye pour un Chasseur fatigué, lorsqu'il prend un Cerf, & luy fait couler des larmes aprés l'avoir long-tems poursuivi ! Que ne pourroit-on pas dire de ces joyes bachiques où l'ame se livre toute entiére, & semble s'abîmer dans le plaisir ? Alors cette joye pleine de transports & de mouvements impétueux devient quelquefois éloquente ou du moins babillarde ; on parle avec une voix éclatante, on dispute sans s'entendre, on se complimente, on s'aime, on s'embrasse avec tendresse les larmes aux yeux, on s'applaudit, on s'encense, on s'admire, & cette joye jointe à l'admiration produit un ris qui semble décevoir l'ame en la surprenant agréablement. Les jeunes gens, en general, se laissent entraîner à la joye plus aisément que les vieillards; ils ne sont pas souvent fatiguez par d'importunes & tristes reflexions; leur imagination court & vôle sans s'arrêter; & cependant ce défaut leur donne une espece de merite qui les rend plus propres à l'agrément de la conversation, & au commerce ordinaire du monde. Je ne prétends point les blâmer : ce qui convient aux uns ne convient point toujours aux autres : le sérieux affecté d'un jeune homme peut faire rire autant que les airs folâtres & badins d'un homme fort avancé dans l'âge.

De même qu'il arrive souvent que l'on passe de la tristesse à la joye, il arrive aussi que de la joye on tombe dans la tristesse; & si la joye vient de l'idée flateuse de posseder quelque bien, la tristesse naît de l'opinion que l'on a d'avoir quelque mal : la tristesse naît de la douleur, la douleur de la tristesse : on est triste par tempéramment sans en pouvoir pénétrer distinctement la cause : il y a même des gens qui trouvent une espece de volupté dans leur melancolie; tant il est vray que l'on prend naturellement plaisir à se laisser émouvoir par toutes sortes de passions : cependant la tristesse jette l'ame dans une langueur non-seulement affreuse, mais quelquefois funeste par les douleurs infinies qu'elle fait ressentir au cœur, qui sont comme des liens qui le serrent, & des glaçons qui le font frissonner, aussi-bien que le corps qui changeant toutà-coup sa constitution, se mine peu à peu, & ruine entierement sa santé : il languit, il s'affoiblit, de même que l'esprit qui cesse d'être en état de luy fournir aucun secours : ce qui fait plaisir aux autres devient chagrinant & insupportable; on fuit les commerces
les

les plus enjoüez & tout ce qui reſſemble à la joye : on néglige ſes devoirs, ſes amis, ſes affaires : on devient bizarre, inſenſible & ſauvage : le ſouvenir du paſſé, le temps préſent & l'avenir, tout afflige également ; & de même que la joye ſemble rajeunir, la triſteſſe paroît vieillir : dans cette ſituation, où l'on traîne une vie malheureuſe, où l'on ſe prive ſoy-même de tout ce qui pourroit apporter quelque conſolation, on ne ſe plaît que dans la ſolitude, on aime les forêts, les montagnes, on voudroit errer toûjours dans les plus triſtes deſerts, l'on ſe plairoit dans les antres & les creux des rochers les plus profonds & les plus obſcurs ; car la profonde triſteſſe fuit tout ce qui eſt aimable, juſqu'à la lumiere même ; & quoy qu'il paroiſſe que l'ame a une naturelle horreur des tenebres, elle ſe plaît alors dans l'obſcurité de la nuit, dont le ſilence affreux la remplit des plus fâcheuſes penſées que la douleur du mal qui la tourmente, ou que les paſſions qui l'occupent luy inſpirent : alors, au lieu de diminuer ſa peine, elle fait ſes maux beaucoup plus grands qu'ils ne ſont en effet, & travaille fortement à les redoubler : ſes moindres infortunes luy paroiſſent un abîme de malheurs où elle croit s'aller précipiter par l'épouvante & la terreur qui s'y joignent : le viſage devient pâle & décharné, les joües abattuës, la tête panchée ſur les épaules, le front rude, auſtere & ridé, ſemble avec les ſourcils qui ſe reſſerrent, s'abattre & tomber ſur les yeux, qui paroiſſent ſouvent égarez : quelquefois ils s'élevent au Ciel, comme pour implorer ſon ſecours par l'inclination naturelle de l'homme à recourir aux choſes ſupérieures, quand il se croit absolument abandonné des autres ; les mêmes yeux sont presque toujours flétris, obscurs, enfoncez, ternes & languissants ; les lévres se retirent & s'abaissent aux deux extrémitez, comme lorsque l'on est prêt à pleurer : en effet, les larmes coulent quelquefois, mais c'est ordinairement lorsque l'amour se joint à la tristesse, encore n'est-ce que par intervalle, & dans les instans douloureux où l'on fait des reflexions sur les objets qui nous attendrissent & nous affligent. Lorsque les desirs & la jalousie s'y joignent, au lieu de pâlir, le visage rougit & s'enflâme fortement. Je crois, MESSIEURS, vous avoir assez entretenu de la tristesse & de ses effets : l'ennuy qui la suit toujours pourroit peut-être passer dans mon discours, si j'en parlois davantage : je crois même qu'ayant parlé des passions principales qui sont proprement l'origine des autres & qui se peuvent infiniment multiplier, il ne reste plus qu'à exciter les jeunes Peintres qui veulent se distinguer par l'expression des Passions, à ne s'en pas tenir seulement aux regles generales qui ne peuvent rien sans le secours du génie qui doit toujours servir à les mettre en œuvre. Anaxagore disoit que la Science nuisoit autant à ceux qui ne sçavoient pas s'en servir, qu'elle est utile à ceux qui en font bon usage. Confirmez donc ces préceptes par les exemples de l'Antique & des grands Maîtres ; qu'il ne faut pas seulement se contenter de voir souvent, mais qu'il faut méditer & consulter comme des guides qui doivent vous conduire dans la carriére de vos études. Parmy les Peintres qui se sont le plus distinguez dans l'expression des Passions, l'on peut compter Léonard de

Vinci, Raphaël ; le Dominiquain, le Poussin, Rubens & le Brun. Etudiez toujours les effets de la Nature, faites-en sans cesse des remarques vives & promtes, & n'en demeurez pas toujours à ce qu'elle présente ordinairement, mais élevez votre idée jusqu'à ce qu'elle peut faire de plus parfait : ainsi réveillant les facultez de votre ame, vous vous échaufferez du même feu dont vous voulez animer les autres ; car il faut être le premier émû de la passion qu'on veut exciter, s'animer des mêmes mouvements, & se mettre à la place de ceux que l'on veut representer. Que j'aime un excellent Acteur que je vois rentrer dans le chauffoir, les yeux encore baignez de larmes au sortir d'une scéne pathétique. Evitez sur-tout les affectations séches & arides, & les faux agrémens qui sont contraires à la naïveté de la Nature, & qui en diminuent la force & la vivacité ; car l'on prend aisément l'apparence pour la verité : les expressions les plus simples sont les plus difficiles, & cependant les plus agréables : ce sont des beautez naturelles qui ont leurs graces avec elles & qui n'ont pas besoin d'être fardées : on craint quelquefois d'exprimer trop foiblement, & l'on s'emporte à l'exaggération, sans penser que le trop déplaît ordinairement plus que le trop peu : il est un point de précision presqu'imperceptible dont il est bien difficile de donner des regles, qui dépend de la supériorité du goût & du génie, & qui semble n'être reservé qu'aux grands Maîtres de l'Art, qui n'abandonnant jamais la Nature, ne font jamais, selon le principe d'Horace, de Peintures qui ne luy ressemblent. Songez enfin que la Peinture parfaite doit aller à l'esprit & toucher le cœur, & qu'elle ne doit pas se borner seulement à un assemblage de couleurs qui ne peut tout au plus qu'amuser superficiellement les yeux. Il arrive souvent, dit Horace, qu'une Piéce où les sentimens & les mœurs sont naïvement exprimez, quoique d'ailleurs elle soit sans force, sans grace & sans art, divertit & attache tout autrement le Spectateur, que ces faux brillants & ces vers harmonieux qui ne signifient rien. Le grand Peintre ne doit pas seulement plaire, mais il doit émouvoir & ravir, comme les grands Poëtes & les grands Orateurs : il doit, semblable à ces Musiciens si vantez par l'Antiquité, tantôt inspirer la tristesse jusqu'à tirer des larmes, tantôt exciter les ris, enflâmer de colere, & forcer les Spectateurs de témoigner leur admiration & leur étonnement, en exprimant non-seulement les passions, mais encore en les excitant.

En effet, c'est-là le sublime de la Peinture & le plus grand mérite du Peintre ; & si dans ce véhément enthousiasme il néglige quelquefois des choses moins difficiles & moins considérables, il faut le luy pardonner, & ne pas se persuader toujours qu'il soit incapable de le faire. Pensez-vous, dit Ciceron, que Polyctete lorsqu'il faisoit la figure d'Hercule, fut embarrassé à exprimer la peau du Lion & de l'Hydre ? Quiconque, dit-il encore, aura achevé l'image de Minerve, ne se mettra point en peine, non plus que ce fameux Sculpteur, des moindres figures qu'on représente dans le bouclier de la Déesse. Je croy, MESSIEURS, devoir ajoûter à ce que j'ay eu l'honneur de vous dire, que plus l'art de mouvoir les passions & de les exciter est grand & sublime dans la Peinture, plus il deviendroit dangereux, s'il n'étoit accompagné de la prudence & de la probité ; d'autant plus que les objets présens touchent plus que les recits & les paroles. Les yeux sont plus fidéles que les oreilles, dit Horace, parce qu'on croit plutôt ce qu'on voit que ce qu'on entend. En effet, les Romains pour toucher leurs Juges, faisoient faire des Tableaux qui représentoient les peines qu'ils avoient souffertes, afin qu'elles fussent comme présentes. Ainsi la Peinture imitant les actions des hommes qui sont bonnes ou mauvaises, il est de la sagesse du Peintre de préferer les bonnes aux mauvaises ; car l'imitation des belles actions soit par la Peinture, soit par la Poësie, excite noblement l'ame aux grandes choses, & la porte à la vertu par l'exemple & par l'émulation qu'elle inspire. Polignotus, dit Elien, peignoit toujours de grands sujets & visoit à la perfection : mais les Peintres comme les Poëtes, suivent ordinairement en cela leurs mœurs & leur temperament. C'est pourquoy les Thébains avoient fait une Loy qui ordonnoit aux Peintres & aux Poëtes de faire toujours les hommes meilleurs, & qui condamnoit à une grosse amende ceux qui les feroient plus méchans.

F I N.

TABLE
DES PRINCIPALES MATIERES
CONTENUES EN CE LIVRE.

A

ABERT Peintre Allemand ; ce qu'on remarque dans ses Ouvrages, Page 130

Abus sur le nom de Peintre & de Poëte donné mal à propos, 3

Académie de Peinture & de Sculpture ; sa gloire & son utilité, 49

Achevement parfait ; en quoy consiste, 43

Accords de la Musique se découvre dans la Peinture, 10

Actions : l'action doit entrer dans la composition d'un Tableau, 9
Comment les actions doivent être traitées, 73, 152 & suivantes.
L'action convient également à la Poësie & à l'Eloquence, 168

Admiration ; en quoy les anciens Peintres sont admirables, 28
Ridicule de ceux qui refusent leur admiration aux Ouvrages parfaits des Modernes, 104 & suiv.
Définition de l'admiration, 171 & suivantes.
Le but du grand Peintre est d'attirer l'admiration, 188

Affliction, son caractére, & comment doit être exprimée, 158

Albane Peintre gracieux ; son caractére, & en quoy sa maniere différe à celle du Corrége, 77

Alcaménes : Remarques sur la Statuë qu'il fit de Vulcain, 118

Alexandre. Avanture d'Alexandre avec Megabise chez Apelles, 30
Les honneurs qu'Alexandre a fait à Apelles ont contribué à le perfectionner dans son Art, 34

Ami ; quelle est la maniere de loüer & de critiquer un veritable ami, 5

Amours, de combien de sorte, & leur définition, 172 & suiv.

Amour propre entre souvent dans les conseils qu'on donne, 5
Combien l'amour propre est pernicieux dans les études, 57 & suiv.

Amphion surpassoit Apelles par la belle disposition de ses Ouvrages, 75

Anatomie, combien cette science est utile aux Peintres, 63
Michel-Ange en avoit une parfaite connoissance de l'Anatomie, 95

Anciens Peintres, leur chefs-d'œuvres sont des modéles dont on doit se servir, 14, 28, 99
Les anciens Peintres n'ont pas été exempt du caprice & de l'entêtement des esprits de parti & du changement des temps, 20
Remarque sur les differens goûts des anciens Peintres, 27 & suiv.
Les honneurs que les anciens Peintres recevoient des Souverains, les ont animé à la perfection, 34
Quelle étoit la modestie des anciens Peintres, 65
Maniere gracieuse de peindre des anciens Peintres, 77 & suiv.
Les Ouvrages des anciens Peintres doivent être respectez, 98 & suiv.
Remarque sur la maniere de draper des anciens Peintres, 116 & suiv.
Anciens Peintres qui se sont le plus distinguez dans l'expression des passions, 186 & 187

Annibal Carrache, Voyez Carrache.

Antique : comment le Peintre doit se servir de l'antique, 111 & suiv.

Ce

TABLE DES MATIERES.

Ce qu'on peut joindre aux beautez de l'antique, 114

Apelles, on ne peut trop imiter son exemple, 20
Son avanture avec Alexandre & Megabise, 30
Ce qu'il disoit de la plûpart des Peintres, 40
Combien répandoit de graces dans ses Ouvrages, 75 & 76
Belle réponse d'Apelles aux Peintres Grecs, 79

Applaudissement, ses mauvais effets, & combien sont dangereux, 66

Architecture, elle puise dans la Peinture la richesse de ses idées, 3
Singuliere définition des cinq Ordres d'Architecture, & leur convenance appliquée au corps humain, 49 & 50
L'Architecture est absolument necessaire aux grands Peintres, 63
Combien le Cavalier Bernin la possedoit, 113
Remarque sur des Ouvrages d'Architecture du Cav. Bernin, *la même.*

Aristide Sculpteur; combien fut venduë une de ses Statuës, 109

Aristophane, défaut que Plutarque luy reproche, & que les Peintres doivent éviter, 161

Aristote, ce qu'il dit des Peintres & des Poëtes, à l'égard de l'imitation de la Peinture des hommes, 22

Art. Tous les Arts ont les mêmes principes, 8
On ne peut se distinguer dans les beaux Arts, qu'en recherchant la veritable gloire, 36 & 37
Les esprits mediocres & bornez ne connoissent point l'étenduë de leur Art, 65
La varieté est necessaire dans tous les Arts, 112 & suiv.

Art de Peinture. Remarque sur les differentes manieres des personnes qui en jugent, 2, 6 & suiv.
Quel est le sûr moyen de parvenir à la perfection de l'Art de Peinture, 29
Quel est l'effet du grand Art de Peinture, 89
Combien l'Art de Peinture est infini, 131

Asclepiodore l'emportoit sur Apelles pour la regularité du dessein, 75

Astres, leurs influences, 149

Attitudes, ce que les Peintres doivent connoitre pour faire le choix des attitudes, 64
Difference des attitudes par rapport aux differens âges, 739
La grace du dessein dépend du choix des attitudes, 83
Quels sont les parfaits modéles qu'on doit suivre pour choisir des attitudes, 109 & suiv.
Les attitudes équivoques sont à rejetter, 154
Les attitudes doivent être convenables au sujet, 155 & 156

Avarice contribuë toujours à la destruction des beaux Arts, 36
Celle de certains Peintres, 36 & 76.

B

BADALOCHI (*Sixto*) concurrent du Dominiquain. Réponse que luy fit Annibal Carrache sur sa prétenduë gloire, 39

Balets, pourquoy les Peintres en doivent avoir connoissance, 64

Bataille, comment doivent être traitées dans la Peinture, 72

Beau sexe, décide souvent sur la foy des jeunes gens, 30 & 31

Beautez. Celles d'un Ouvrage ne sont ordinairement connuës que des Sçavans & des veritables connoisseurs, 31 & 32

Bernin (*Cavalier*) ce qu'il dit l'Auteur étant à Rome, au sujet d'un Tableau du Dominiquain, 18
Ses compositions brillent par tout d'un feu plein de grace, 81
Remarque sur des Ouvrages de Sculpture & d'Architecture du Cavalier Bernin, 113
Etoit épris de la maniere de draper du Corrége & du Guide, 120
Quel étoit son vaste génie, 121

Boileau; son sentiment sur l'assemblage d'un beau tout, 52
Ce qu'il dit à l'égard des Anciens, 102 & 103.

Le Brun, combien possedoit la composition & ses parties, 82

TABLE DES MATIERES.

Sa maniere de traiter les passions & les graces, 83
Sa sagesse dans l'histoire d'Alexandre, 129
Possedoit parfaitement le caractere des Nations, 148 & 149
Le Brun est un de ceux qui s'est le plus distingué dans l'expression des passions, 186 & 187

C

CABALE, comment se forme à l'égard de la Peinture, 16
Celle des Anciens touchant Michel-Ange, le Corrége, le Titien, Raphaël & le Dominiquain, 16 & 17.
Combien la cabale a persecuté le Dominiquain, 24 & 25
Disputes qu'a produit la cabale, 87 & suiv.
Le Calfe, en quoy peut être comparé au Georgion & au Titien, 22
Carrache (Annibal) ce qu'il dit à ses Disciples au sujet du goût du Caravage, 18
Admirable conseil qu'il donna à un jeune homme qui dessinoit à Rome des Peintures mediocres, 25 & 26.
Réponse du Carrache à Badalochi, 39
Belles paroles du Carrache à la loüange de Raphaël & du Titien, 42
Son goût pour les contours doit être imité, 74
Son grand goût du dessein, 99
Avanture concertée du Carrache avec le Cardinal Farnese, pour détruire la prévention qu'on avoit contre luy, 105 & 106
Caracteres: Le Peintre doit se transformer dans ceux qu'il veut représenter, 3
Combien le Peintre doit être attentif à bien exprimer les caracteres, 9
Les caracteres des anciens Peintres doivent être imitez, 99
Tous les caracteres se trouvent répandus dans le monde, 140 & suiv.
Maniere dont tous les caracteres doivent être exprimez, 143 & suiv.
Il faut varier les caracteres, 146 & 147.
Remarque sur la maniere de traiter tous les differens caracteres, 158 & suiv. 161 & suiv.
Caravage, quel étoit son goût de Peinture, 18 & 19.
Cassiodore, ce qu'il dit touchant le nombre des Statuës qui étoient dans Rome, 111
Chefs-d'œuvre des grands Maîtres devroient être les modéles pour former les Disciples, 13 & 14
Ciceron, ce qu'il dit de Polyctete qui faisoit la figure d'Hercule, 188
Circonstances qu'on doit éviter en Peinture, 69
Comment les circonstances basses doivent être traitées, la même.
Clair-obscur. Remarque sur celuy de Rubens, 28, 100
Le Clair-obscur est une partie du Dessein, 89
Anciens Peintres qui ont excellé dans le Clair-obscur des draperies, 126 & 127
Coloris: consideration sur celuy de Rubens, 28
Quels étoient les Coloris du Giorgion, du Titien & du Corrége, 84, 99
Disputes entre les Partisans du Coloris & du Dessein, de Rubens & du Poussin, 87 & suiv.
La Peinture doit sa perfection au Coloris, 96
Comparaison de l'Art de la Peinture à la Poësie, 2 & suiv.
Comparaison sur le nom mal donné de Peintre & de Poëte, 3
En quoy la Peinture peut être comparée à un Cöne, 7
Comparaison des six parties de la Tragédie à la Peinture, 9
Accords de la Musique; comment comparez à la Peinture, 10
Comparaison des Peintres & des Poëtes sur la maniere de peindre les hommes, 22 & suiv.
Composition, ce qu'il faut suivre & éviter dans la composition d'un Tableau, 52 & 53. 70 & suiv.
Ce que le Peintre doit avoir dans l'esprit en composant son Tableau, 60 & 61

TABLE DES MATIERES.

Ce qui peut contribuer à l'excellence de la composition, 81
Conferences de l'Academie, quelle est leur utilité, 45
Connoisseurs, le nombre des mauvais est plus grand que celui des bons, 66
Comment les veritables connoisseurs estiment les Anciens & les Modernes, 101
Conseils donnez par des personnes qui nous aiment, doivent plus faire d'impression que les autres, 5
Quel profit on peut faire des Conseils donnez par ceux qui nous haïssent, *la même*.
Contours, comment se forment, 46 & *suiv*.
Leur étenduë & en quoy consistent, 47
Exemples à suivre des Anciens pour les contours, 74
Remarques sur les contours des Draperies, 120
Contraste, ce qu'il produit, comment on en doit user, & quel des anciens Peintres qui s'en est servi heureusement, 120 & *suiv*.
Corrége, son goût charmant de peindre les passions douces & les objets gracieux, 40
En quoy le Rimbrant & le Giorgion peuvent luy être égaux, 42
Son goût pour les contours & pour les draperies, ne sçauroit trop être imité, 74
Le Corrége étoit merveilleux pour les graces de la Peinture, 77
Remarque sur son Coloris, 84, 99
Et sur les beautez & sur les défauts qu'on peut remarquer dans ses Ouvrages, 85
Corps humain, combien la connoissance de ses proportions est utile aux Peintres, 63
Couleurs en Peinture, ont leurs tons comme la musique, 10, 92
Couleur locale, ce que c'est, 89
Il faut que le mélange des couleurs soit semblable à celuy de l'Arc-en-ciel, 92
Comment les couleurs se changent par différentes lumieres, 93
Les Draperies ont leur couleur locale, 124

Coup-d'œil d'un Tableau, ce qu'il doit produire, 10, 73, 94, 96
La Cour, on peut y étudier toute sorte de caractere, 140 & *suiv*.
Coutume, le Peintre doit les representer, 9
De quelle maniere les Coutumes doivent être representées, 64, 127, 131.
Critique, ridicule & different caractere de ceux qui critiquent, 5 & 6
Curieux, remarque sur la maniere dont ils jugent des Tableaux, 11, 85

D

DECISION des jeunes gens, combien peuvent être ridicules, 30 & 31.
Declamation, en quoy ses regles peuvent être necessaires à la Peinture, 63
Decoration de la scene, convient à la Peinture, & pourquoi, 9
Défauts, on ne doit pas imiter les Anciens jusques dans leurs défauts, 27
Ridicule de ceux qui cherchent & publient les défauts d'un Ouvrage, & qui se taisent sur les beautez, 31
Désir, définition de cette passion, de combien de sortes, & comment doivent être traitées, 179 & *suiv*.
Le désir se mêle avec les autres passions, 180
Dessiner, sçavoir dessiner ne suffit pas pour être Peintre, 2 & *suiv*. 131
Erreur de ceux qui croient que la severité du dessein consiste dans la dureté des traits, 40
Remarque sur la maniere de dessiner de certains Peintres, 54
Comment se trouve le grand dans le goût du dessein, 68
Remarque sur le goût du dessein de quelques anciens Peintres, 74, 99
La grace du dessein dépend du choix des attitudes, 83
Fameuse dispute touchant le dessein & le coloris, 87 & *suiv*.
Ce qui fait ou peut faire un grand dessinateur, 95 & 96
Disposition d'un Tableau, ce que c'est, 70
Disputes, en quoy consistoient certaines fameuses disputes des Ecoles, 87 & *suiv*.

TABLE DES MATIERES.

Dominicain, est obligé de quitter Rome & Naples, pour avoir fait des Ouvrages trop éclatans, 17
Le Dominicain a toûjours été persecuté par la cabale pendant sa vie, 24
Remarque sur son Tableau de saint André, 24, 69
Le Dominicain est un des anciens Peintres qui s'est le plus distingué dans l'expression des Passions, 24, 186 & 187
Observation sur sa maniere de peindre, 27, 99
Sa concurrence avec Sixto Badalochi, 39
Douleur, comment doit être traitée, 158 & 159
Draperies, éloge de celles du Guide, 19, 28
De celles de Raphaël & du Corrège, 74, 99
L'art de draper étant une partie essentielle de la Peinture, en quoy consiste, 115 & suiv.
Remarque sur quelques deffauts des anciens Peintres au sujet des draperies, 117, 121
Quels sont les anciens Peintres dont on doit suivre le goût en matiere de draperie, 123

E

ECOLE, *pernicieuse* routine qui regne parmy les Etudians dans les écoles, 15
Dans quels défauts l'Ecole Florentine est quelques fois tombée, 127
Egyptiens, c'est chez eux que la Peinture & la Sculpture parurent d'abord, 97
Ont été Superieurs aux Grecs en capacité, 98
Eleves, sages exhortations de l'Auteur aux jeunes éleves, 56 & suiv. 66 & 67.
Emulation, doit porter à se distinguer & à s'élever au dessus des autres, 34
Envie, ses fureurs contre le vrai mérite, 17
L'envie succombe à la fin sous le poid du mérite, 59

Entousiasme, ce que c'est en matiere de Peinture, 71, 132 & suiv.
Méprise qu'on fait souvent à cet égard, 87
Comment peut être produit le vehément Entousiasme, 188
Esprit, c'est toûjours l'esprit en matiere de Peinture, qui doit faire agir la main, 42
Quelle est la conduite des esprits médiocres & bornés, 65
Etude, c'est par l'étude des chefs-d'œuvres de l'Antiquité, qu'on peut apprendre à connoitre ce qu'il y a de plus parfait dans la nature, 110
Etudians, doivent sçavoir qu'il y a des choses qu'on apprend en voyant faire, & d'autres à force d'en entendre parler, 45
Avis sages & utiles aux jeunes Etudians, 56 & suiv. 66 & 67, 91, 97, 130, 131, 186, 187 & suiv.
Etoffes doivent être variées suivant les differents caracteres des personnes, 128 & suiv.
Execution, qualité qu'elle doit avoir dans la Peinture, 64
Expressions naïves des petits Tableaux des Flamands & des Hollandois, peuvent les rendre parfaits, 22
De la vivacité des expressions des anciens Peintres, 28
Expressions en Peinture, quelle qualité doivent avoir, 64, 93, 133 & suiv.

F

FABLE, quel rapport peut avoir avec la Peinture, 9
L'Histoire de la Fable trés utile aux Peintres, 127
Farnese (*Cardinal*) son avanture concertée pour détruire la prévention qu'on avoit contre le Carache, 105 & 106.
Florentin, leurs cabales à l'égard de Michel-Ange, du Corrége, du Titien & de Raphaël, 16 & 17
Folie, opinion ridicule de ceux qui la croyent nécessaire à la Peinture & à la Poésie, & ce qu'Horace dit à ce sujet. 87
Fortune, Des Peintres qui la préférent à la verité, 76

TABLE DES MATIERES.

G

GENIE, c'est le génie qui doit distinguer dans la Peinture, de même que dans la Poësie, 1 & 2
On pourroit dire que le Génie de la Peinture est l'ame de tous les beaux Arts, 3
Quelle doit être l'émulation d'un Genie élevé, 26
Il faut consulter son Génie, & choisir ce qui lui est convenable, 27
Gens du monde, comment jugent des Ouvrages de Peinture, 7
Gens de lettre, voyez, *Sçavant*.
Geographie, science nécessaire aux grands Peintres, 63
En quoy la Géographie peut être nécessaire aux Peintres, 142 & suiv.
Geometrie est nécessaire aux Peintres, 63
Gestes, leur définition, & comment doivent être traitez en Peinture, 152 & suiv.
Le geste est un langage commun à tous les hommes, 157
Les gestes doivent être variez suivant les differens caracteres des personnes, 158 & suiv. 167 & suiv.
Giorgion est admirable par le relief que produit son pinceau, 42
En quoy peut être semblable au Corrège, *la même*.
Caractere de son coloris, 84, 99
Sa belle maniere d'unir les couleurs, 125
Gloire, son amour a produit les grands hommes de l'Antiquité, 34
L'interêt est souvent plus recherché que la gloire, 36
Goût moëlleux, ce que c'est, 13
Quels sont les differens goûts, 14
Comment on peut donner une véritable idée de son bon goût, 33
Consideration sur le goût exquis, 64
Ce qui produit le grand goût dans les Draperies, 118 & suiv.
Graces, définition des graces qui doivent se trouver dans la Peinture, 75 & suiv.
Combien Apelles y excelloit au dessus des autres Peintres, 76
Effets de l'erreur des Peintres sur les graces de la Peinture, *la même*.
Remarques sur les manieres gracieuses de peindre des anciens Peintres, 77 & suiv. 100 & suiv.
Les graces doivent être répandües dans toutes les parties de la Peinture, 80 & suiv.
Grand, terme de Peinture, ce que c'est, où se trouve, & comment peut s'acquerir, 67 & suiv. 72
Grecs, il n'étoit permis qu'aux Nobles de la Grece d'exercer l'Art de Peinture, 4
Les Grecs sont redevables aux Egyptiens des Arts de Peinture & de Sculpture, 97
Comment les Sculpteurs Grecs se sont étudiez à vouloir rendre l'Art plus parfait que la nature, 109 & suiv.
Le Guide, comment profite du discour que le Carache fit à ses Disciples, 18
Sa maniere de peindre opposée à celle du Caravage, 19
Son grand goût de draper, *la même*. 28
Remarque historique sur son Tableau en concurrence du Dominicain, 23 & suiv.
Le Guide a été mis par la Cabale au dessus du Dominicain, 24 & 25
Remarque sur sa derniere maniere de peindre, 27
Le pinceau du Guide est d'une touche agréable qui caracterise par tout son dessein, 42
Sa maniere gracieuse de peindre, 77 & suiv.

H

HABITUDE, difficultez de se dépoüiller des mauvaises, 25
Haine, définition de cette passion, & comment doit être traitée, 176 & suiv.
Harmonie, terme de Musique, sa convenance à la Peinture, 10, 91, 92, 125, 127.
Hazard, il y a dans la Peinture quelques fois des choses qui doivent paroitre faites au hazard, histoire à ce sujet, 41

TABLE DES MATIERES.

Les idées viennent souvent aux Peintres par hazard, 62

Hypocrate, son sentiment appliqué à l'art de Peinture, 67

Histoire sacrée, profane & fabuleuse, ne doit point être ignorée du grand Peintre, 63

Combien la science de l'histoire est utile dans la Peinture, 127

Ce que le Peintre doit apprendre dans l'histoire, 142 *& suiv.*

Histoire de deux Tableaux, un du Guide & l'autre du Dominicain, fait en concurrence, 23 *& suiv.*

Homere, a été un grand Peintre dans son genre, 35

Beau passage d'Homere, 144 *& suiv.*

Hommes, différentes manieres dont les anciens Poëtes les ont peints, suivant Aristote & de nos modernes, 22 & 23

Ressemblance des hommes à différens animaux, 150

Définition de trois parties qui sont dans l'homme, 157 *& suiv.*

Des différens gestes & caracteres des hommes, 152 *& suiv.*

Horace, beaux passages d'Horace appliquez aux regles de l'art de Peinture, 25, 27, 29, 32, 39, 59, 66, 87, 94, 96, 107, 111, 132, 187 *& 188.*

Quel est son sentiment à l'égard des Anciens, 103 *& 104*

Humilité, comment doit être traitée, 159

I

IDÉE, quand l'idée est remplie de son sujet, la main doit executer avec rapidité, 41

Pourquoy l'idée d'un Auteur doit aller plus loin que ses productions, 60

En quel tems l'esprit doit être rempli des plus belles idées, 61 *& 62*

Ce que les idées produisent en nous, 79

Jeunes gens, leur ridicule décision, 30

Remarque sur des jeunes gens qui ont abandonné l'étude, 56

Jeune homme qui cherche à être Peintre, comparaison à ce sujet, 11 *& 12*

Ignorans, admirent ordinairement ce qu'ils ne comprennent pas, 14, 101

Comparaison sur la ridicule conduite des ignorans, 31

Les ignorans sont souvent aplaudis, & par qui, 66

La sotte prévention des ignorans, 101

Imagination, ce qu'elle produit dans les Draperies, 115

Imitation, sentiment d'Aristote sur tout ce qui est imagination, 22

Définition de l'imitation dans la Peinture, 35 96

Les anciens Poëtes & les Peintres se sont imitez les uns les autres, 146

L'imitation de la nature est l'étude principale des Peintres, 161 *& suiv.*

Josepin Peintre, préférence qu'on luy donnoit à Rome sur Annibal-Carrache, 17

Joye, définition de cette passion, de combien de sortes, & comment doit être traitée, 181 *& suiv.*

Jugement, qui sont ceux qui jugent ordinairement de la Peinture, 6 *& suiv.*

Ce qu'on trouveroit, si l'on jugeoit toûjours par principe & par goût, 101

Jule Romain, considération sur sa maniere & son goût, 27, 28

Remarques sur ses Draperies, 117

L

LANFRAN, qu'elle étoit sa composition, 81 *& suiv.*

Langage de la Peinture doit être entendu de tout le monde, 14

Loüanges, différence de celle d'un amy à celle d'un homme vain & fastueux, 5

Loüanges inconsiderées, données aux Anciens successivement, 17 *& suiv.*

Louis le Grand a formé les grands hommes qui ont fait l'ornement de son Regne, 34

Lucien, ce qu'il dit du Pantomine, 167 *& 168*

M

MAINS, définition des gestes, caracteres & usage des mains, 152 *& suiv.*

TABLE DES MATIERES.

Maître qui fait des Disciples, quelle qualité doit avoir, 13
Ridicule de certains maîtres, *la même*
Maréchal d'Anvers, trait de son histoire, 174
Megabise Prêtre de Diane, sa conversation avec Alexandre chez Apelles, 30
Mélancolie, comment doit être traitée, 156
Mérite, triomphe à la fin de l'envie, 59
Michel-Ange, son goût pour les attitudes 14, Son proverbe, 15
Remarque sur sa maniere de traiter les muscles, 55
Pourquoi ses ouvrages de Sculpture sont les monumens les plus solides de sa gloire, *la même.*
Son grand goût pour le dessein & pour les contours, 74
Quelle étoit sa maniere, 78, 99
Son avanture pour tromper la prévention qu'on avoit contre lui, 106 & 107.
Ce qu'on trouve de défectueux dans ses Draperies, 117
Modeles, on ne sçauroit trop tôt se former sur les meilleurs modeles, 26, 109 & *suiv.* 161 & *suiv.*
Modernes, selon Pline le jeune, ne doivent pas être méprisés, 98
Les modernes ne peuvent atteindre à la perfection que par l'imitation des Anciens, 98 & *suiv.*
Prévention mal-fondée de ceux qui sont pour les Anciens, & de ceux qui sont pour les Modernes, 101 & *suiv.*
Moëleux, terme & goût de Peinture, ce que c'est, 13
On ne sçauroit peindre trop moëleusement, 42
Mœurs, le Peintre est obligé de les representer, 9
De quelle maniere doivent être representez, 64, 127 & *suiv.*
Les mœurs doivent être étudiez, 138 & *suiv.*
Moliere, habile Peintre du caractere des hommes, 35
Morale, pourquoy le grand Peintre en doit avoir quelque teinture, 63

Muscles du corps humain, comment doivent être traitez, 55
Musique, son rapport avec la Peinture, 9 & 10, 92, 96, 116
La connoissance des régles de la composition de Musique, doivent être connuës aux Peintres, 63
Rapport de la Musique à la Peinture, en ce qui regarde l'expression & l'harmonie, 135

N

NATURE, elle entraîne & force à prendre un party, 1
Tout ce qui s'éloigne de la nature, ne peut abuser long-tems les hommes, 21
La Peinture est & doit être une imitation de la nature, 35, 90, 112
C'est sur la connoissance des effets variez de la nature que le Peintre doit fonder le bon goût, 54
Par quelle science on peut connoître la nature, 63
Ce que produit de ne pas sentir les beautez de la nature, 79
Pourquoy on ne doit point ajoûter des graces à la nature, 80
Ce que la nature a de plus parfait, ne peut s'apprendre que par l'étude, 110 & *suiv.*
La nature ne paroit belle que dans la varieté, 122 & *suiv.*
Le Peintre doit toujours suivre la nature pas à pas, 161 & *suiv.*
Il faut éviter tout ce qui est contraire à la nature, 187

O

OBJETS, leurs varietez, & comment doivent être peints & traitez, 41
La confusion des objets doit être évitée, 71
Ce que produit la trop grande abondance d'objets, 119
Oppositions, en quoy sont utiles dans un Tableau, & comment doivent être ménagées, 124 & *suiv.*
Orateur, comparaison de son ouvrage à un Tableau, 61
Ornement, la trop grande abondance est nuisible à la Peinture, 80

B b iij

TABLE DES MATIERES.

Osteologie, science nécessaire aux Peintres, & pourquoy, 54

Ouvrage, les mauvais sont souvent préferez aux bons, & par qui, 30

Les beautez d'un ouvrage ne sont pas à la portée du peuple grossier, 32

Comment on doit considérer un ouvrage, 33

On ne doit commencer son ouvrage qu'aprés y avoir pensé avec justesse, 38

Comment se forme le tout ensemble d'un ouvrage, 57, 61 & 62

P

PANTOMINE, par quelle connoissance les Peintres peuvent les imiter, 64

Un Ancien disoit que les Pantomines avoient les mains parlantes, trait d'histoire à ce sujet, 157

Remarque historique de deux Pantomines, 164 & *suiv.*

Sentiment de Lucien sur le Pantomine, 167 & 168

Parmesan, caractere de sa maniere gracieuse de peindre, 78

Parrhasius, Peintre, quelle grace il crut faire à ses Citoyens, 110

Passions, le Correge excelloit dans les passions douces & les objets gracieux, 40

Par quelle science le grand Peintre doit connoître les passions, 63

Des gestes & attitudes des Passions, 159

Ce qui donne le plus de vivacité à l'expression des passions, 169 & *suiv.*

D'où naissent toutes les Passions, & leur nombre, 170 & *suiv.*

Quels sont les anciens Peintres qui se sont le plus distinguez dans l'expression des Passions, 186 & 187

Paul Veronese, sa maniere de peindre les étoffes, doit être suivie, 123

Deffauts où il est tombé, 127

Peindre, consideration sur ceux qui peignent promtement ou lentement, 39

Quelques regles qu'on doit suivre pour caracteriser le dessein & le Coloris, 42

Différence des manieres de peindre des Anciens, 78 & *suiv.*

Peintre, nom difficile à mériter, 2

Il faut que le grand Peintre se transforme dans les caracteres qu'il veut representer, 3

Qualitez requises à un habile Peintre, 4

On doit consulter les grands Peintres pour juger des ouvrages, 7

Ridicule de certains Peintres, 12 & 13, 37.

Comment le Peintre doit considérer & se conformer aux chefs-d'œuvres des Anciens, 14, 98 & *suiv.*

Pourquoy les plus fameux Peintres se trouvent quelques fois confondus avec les plus vils artisans, 34

Sur quoy le Peintre doit fonder le bon goût qui le doit distinguer dans ses ouvrages, 54

Caractere d'un mauvais Peintre, 60

Pourquoy les plus habiles Peintres sont ordinairement timides, *la meme.*

En quoy le grand Peintre doit être Orateur, 62

Quelles sciences le grand Peintre ne doit pas ignorer, 63

Du choix que le Peintre doit faire de son sujet, 68

Ce que le Peintre doit faire quand il a des Divinitez ou des Heros à representer, 73

Effets de l'erreur de certains Peintres au sujet de la grace en Peinture, 76

Admirables conseils aux Peintres, 112 & *suiv.* 161 & *suiv.* 165 & *suiv.*

Remarque sur ce que les anciens Peintres ont toûjours conservé dans leurs ouvrages les mœurs & coutumes de leurs Pays, 130 & *suiv.*

Quel peut être le Peintre le plus parfait, 132 & 133

Ce que le Peintre doit observer touchant les attitudes & le geste, 157

Les Peintres peuvent beaucoup apprendre aux spectacles, 163 & *suiv.* 167 & *suiv.*

Ce que le Peintre doit observer pour traiter des passions, 169 & *suiv.*

Quels sont les anciens Peintres qui ont le mieux caractérisé les Passions, 186 & 187

TABLE DES MATIERES.

Ce que le grand Peintre doit produire, 188 & 189.

Peintre parfait, ce qu'il doit être, & ce qu'il doit sçavoir, 62 & *suiv.*
Réponse aux objections qu'on pourroit faire à ce sujet, 65

Peinture, quelle étenduë d'esprit est nécessaire pour exercer cet Art, 2
La Peinture est comparable à la Poësie, 2 & *suiv.* 62
Effets que doit produire la Peinture, 2, 3, 156
Qui sont ceux qui jugent ordinairement de la Peinture, 6 & *suiv.*
Comparaison de la Peinture à un Cône, 7
La Peinture peut se rapporter avec les plus beaux Arts, 8 & *suiv.* 135
Rapport de la Peinture à la Musique, 10, 135 & *suiv.*
La Peinture est un langage qui doit être entendu de tout le monde, 14
Remarques sur les différentes manieres de peindre des Anciens, 27 & 28.
La Peinture est une imitation de la nature, comment définie, 35, 152
La Grece & d'autres nations ont autrefois élevé la Peinture & la Sculpture au degré suprême de la gloire, 49
Merveilleux effets de la Peinture, 55, 134 & *suiv.* 187 & 188.
Quelles sont les trois choses qui contribuent le plus à la force de la Peinture, 62
Des connoissances nécessaires à la Peinture, & comment doivent être ménagées, 63 & 64
Les trésors de la Peinture sont immenses, 67
Quelle est la véritable idée qu'on doit avoir de la Peinture, 94 & *suiv.*

Perspective, ses regles sont nécessaires aux Peintres, 55, 63
Petrone, son sentiment sur la declinaison de la Peinture, 38 & 39
Peuple, ridicule & incertitude de ses Jugemens en matiere de Peinture, 11
Effets que produit l'aveuglement & l'ignorance du peuple, 66
Philosophes Anciens, pourquoy alloient voir les Pantomines, 165

Physionomie, le grand Peintre doit l'être, & pourquoy, 63
Physionomie, combien la connoissance de ses regles est utile aux Peintres, 63, 147 & *suiv.*
Pindare, comment compare le mérite au liege, 59
Pourquoy loüé les Rhodiens, 110
Pietre de Cortone, en quoy ses ouvrages sont estimez, 81
Pinceau, peu de gens en ont une juste idée, 34
Le Pinceau est l'habitude de la main, & ne s'acquiert que par la pratique, 35 & *suiv.*
Qualitez essentielles du Pinceau, 44
Les graces doivent être répandues dans l'execution du Pinceau, 80
Pittoresque, goût de Peinture, ce que c'est, 3, 13, 113
Raphaël s'est éloigné du goût Pittoresque, 72 & 73
Méprise qu'on fait souvent du goût Pittoresque, 87
Plafonds, comment doivent être peints, 94
Platon, sa maniere de peindre un lieu champêtre, 145 & 146
Pline le jeune, son sentiment à l'égard des Anciens & des Modernes, 98
Passage de cet Auteur à l'égard de ceux qui voyagent pour voir des choses inferieures à celles qu'ils ont chez eux, 107 & 108
Plutarque, quel reproche fait à Aristophane, 161
Poësie, son rapport avec la Peinture, 1, 2, 62, 94, 188.
Poëtes, combien la lecture des anciens Poëtes est utile aux Peintres, 143 & *suiv.*
Polignotus peignoit toûjours de grands Sujets, & tendoit à la perfection, 189
Polycrete Sculpteur, combien fut venduë une de ses Statuës, 109
Portraits, des anciens Peintres, en quoy sont différens de ceux des Peintres modernes, 129
Praxitele Sculpteur, trait historique de sa Statuë de Venus, 109 & 110
Préférence, injuste, 16 & 17
Prévention, ses effets dangereux, 16 101 & *suiv.*

TABLE DES MATIERES.

Profils d'Architecture, en quoy consiste leur perfection, 47
Proportion, en quoy consiste, 47
   Combien la Proportion est utile aux Peintres, 48 & *suiv.*
   Les proportions doivent être regulierement observées, 51 & *suiv.*
   La proportion est le fondement de la Peinture & du dessein, 56
Poussin Peintre, remarque singuliere de sa maniere de peindre à celle du Rimbrant, 20
   Quel étoit son goût de Peinture, 27
   En quoy peut être admiré, 28
   Fameuse dispute de ses Partisans avec ceux de Rubens, 87
   Deffauts qu'on peut remarquer dans ses ouvrages, 112
   Le Poussin est un des anciens Peintres qui s'est le plus distingué dans l'expression des Passions, 187
Public est toujours le plus fort, & doit être consulté dans l'estime des ouvrages de Peinture, 21

Q

QUALITEZ requises à un habile Peintre, 4
Quintilien dit qu'il suffit de bien faire pour aller vîte, 39

R

RAPHAEL, sa sagesse à rendre les beautez de la nature, 14
   Son Tableau de la Transfiguration, 25 & 26
   Les distinctions que Raphaël a reçuës de plusieurs Papes, l'ont animés à produire les ouvrages qui le font admirer, 34
   Annibal-Carrache disoit que Raphaël peignoit à étonner, 42
   En quoy Raphaël s'est infiniment distingué, 53, 72
   Goût de Raphaël pour les contours & pour les Draperies, 74
   Sa maniere gracieuse de peindre, 77 & *suiv.* 99.
   Raphaël est un des anciens Peintres qui s'est le plus distingué dans l'expression des Passions, 186 & 187
Rapport de la Peinture avec les plus beaux Arts, 8 & *suiv.* 135

Rhodiens loüés par Pindare, & pourquoy, 110
Rimbrant, pourquoy ses ouvrages sont d'une richesse infinie, & peuvent égaler ceux du Corrége, 42
Romains, en quoy Supérieurs aux Grecs, 98
   Remarque de Cassiodore sur le nombre prodigieux des Statuës qui étoient à Rome, 111
   Les Romains faisoient faire des Tableaux pour toucher leurs Juges, 189
Rubens, Remarque sur son goût de dessiner, 27
   Observation sur le prodigieux génie de Rubens, 28
   Fameuse dispute entre les Partisans de Rubens & ceux du Poussin, 87
   Combien Rubens entendoit l'artifice du Clair-obscur, 126 & 127
   Est un des anciens Peintres qui s'est le plus distingué dans l'expression des Passions, 186 & 187

S

SCAVANS ET GENS DE LETTRES, comment jugent des ouvrages de Peinture, 8, 131 & 132
Sciences, que le grand Peintre ne doit pas ignorer, 63 & *suiv.*
Sculpture, depuis quel tems les ouvrages de Sculpture sont les plus respectables, 97
   Ce qui produit l'admiration de l'antique Sculpture, 108 & *suiv.*
   Effet qu'a produit la conduite admirable des Sculpteurs Grecs, & la haute estime que l'on faisoit de leurs ouvrages, 109 & *suiv.*
   En quoy les anciens Sculpteurs sont ou peuvent être plus heureux que les modernes, 130 & *suiv.*
Siecles, dans tous les siecles, les plus grands hommes ont essuyé de tristes préférences ou d'odieuses comparaisons, 17
   Le bon sens & la raison, sont & ont été de tous les siecles, 98 & *suiv.*
Simétrie, jointe à la proportion, ce qu'elle produit, 51
Sophocles, Poëte tragique, son reproche à un autre Poëte, 66

Spectacle

TABLE DES MATIERES.

Spectacles, comment leurs connoissances peuvent être utiles aux Peintres, 163
Statuës, combien étoient estimables dans l'Antiquité, 109 & suiv.
Le nombre prodigieux des Statuës de Rome égaloit le nombre des Citoyens, selon Cassiodore, 111
Sujets, terme de Peinture ; les Peintres les doivent bien choisir, & les bien traiter, 68, 134
Ce qu'il faut éviter dans les sujets qui regardent les Mysteres de la Religion, 68 & 69
Comment les différens sujets doivent être traitez, 71 & suiv. 134
Ce qu'il faut faire naturellement dans un sujet gracieux, 81
Ce que le Peintre doit faire après le choix de son sujet, 134
Superficie, comment se forme, ce qu'elle comprend, & de combien de sortes sont, 46

T

TABLEAU, sa composition ; ses régles & sa conduite sont les mêmes que ceux des piéces de Théatre, 9
Et des piéces de Musique, 10
En quoy les petits Tableaux des Flamands & des Hollandois ont leurs mérites, & ne sont pas à mépriser, 22
Remarques sur certains Tableaux, 32
Considération sur les motifs qui peuvent étonner les plus habiles Peintres dans la composition d'un Tableau, 60 & 61
Comment les circonstances doivent être placées dans un Tableau, 69
La disposition & composition d'un Tableau, 70
Talens naturels sont nécessaires à ceux qui veulent s'engager dans l'Art de Peinture, 1 & suiv.
Comment on doit chercher à mettre au jour ses talens, 36
Tête, sa définition par rapport à l'expression des passions, 169 & suiv.
Thebains, quelle étoit leur Loy à l'égard des Peintres & des Poëtes, 189
Timidité, pourquoy se trouve souvent dans les plus habiles Peintres, 69

Tintoret Peintre, remarque sur ses ouvrages, sur son goût de couleur & sur la singularité de ses idées, 28
Sentiment du Carache sur les ouvrages du Tintoret, 92
Titien, combien son Coloris est charmant, 14 & 15, 84, 87 & suiv.
Les honneurs qu'il a reçu de Charlequint & de Philippe II. l'ont porté à se rendre habile dans son Art, 34
Le Carache disoit que le Titien peignoit à charmer, 42
Sentiment de Vazari sur trois Tableaux du Titien, 42 & 43
Belle action & réponse du Titien, & les loüanges qu'il mérite, 86
Tons, la Peinture a ses tons comme la Musique, 10, 84, 92
Touché, en matiere de Peinture, doit être varié selon le caractere des objets que l'on veut representer, 41, 123
Tragédie, quel rapport peut avoir avec la Peinture, 9, 168
Trazile, d'Athenes, trait de son histoire, 46
Tristesse, définition de cette passion, 184 & suiv.

V

VANDEICK, son Pinceau est d'une beauté singuliere, 42
Combien on doit imiter Vandeick dans sa maniere magnifique de peindre les étoffes, 123
Le Clair-obscur de Vandeick dans les draperies, est tout admirable, 126 & 127
Varieté des caracteres & des proportions, sont absolument nécessaires dans la composition d'un Tableau, 53, 64, 99
Ce que la varieté produit dans la composition d'un Tableau, 71, 81
La varieté est nécessaire dans la Peinture, 112 & suiv.
Combien la varieté est nécessaire au vray de la nature, 122
Le Peintre doit varier ses attitudes & ses gestes, 157 & suiv.
Vazari, son sentiment en parlant de trois Tableaux du Titien, 42 & 43.

TABLE DES MATIERES.

Verité, se manifeste tôt ou tard, 21
La verité est souvent la victime de la fortune, 76
De Vincy (*Leonard*) son goût pour le dessein & pour les contours, 74
Est un des anciens Peintres qui s'est le plus distingué dans l'expression des passions, 186 & 187
Virgile, en quel sens est appellé grand Peintre, 35

Vulcain, remarque sur une Statuë de Vulcain faite par Alcamenes, 118

Z

ZEUXIS Peintre, ses belles paroles à l'égard de ses ouvrages qu'il travailloit beaucoup, 37

Fin de la Table des Matieres.

Errata des fautes échapées dans l'impreßion.

Page 19. ligne 4, le Georgion, *lisez*, le Giorgion. Corrigez la même faute page 22, ligne 16.
Page 25 ligne 15, versé,   *lisez*, versée.
Page 26 ligne 28, errent,   *lisez*, ils errent.
Page 28 ligne 26, Cantique, *lisez*, l'antique.
Page 84 ligne 5, le Gorgion, *lisez*, le Giorgion.
Ibid. ligne 12, Les coloris, *lisez*, Le coloris.
Page 90 ligne 27, le Gorgion, *lisez*, le Giorgion. Corrigez la même faute page 94, ligne 20.
Page 126 ligne 2, es,   *lisez*, les.
Page 132 ligne 15, émouvent, *lisez*, émeuvent.
Page 152 ligne 8, pieté,   *lisez*, pitié.
Page 188 ligne derniere, de mouvoir, *lisez*, d'émouvoir.

Des Caracteres & de l'Imprimerie de JACQUES COLLOMBAT Imprimeur ordinaire du Roy, &c. 1721.

www.ingramcontent.com/pod-product-compliance
Lightning Source LLC
Chambersburg PA
CBHW071042240526
45471CB00014B/216